ファイナンシャル・マネジメント

企業価値評価の意味と限界

亀川　雅人

学文社

はしがき

　本書は，企業の資本調達と運用を主要なテーマとするファイナンスの教科書である。基礎的な知識をもたない初学者から，すでにこの分野の研究をしている研究者や実務家も対象にしている。基礎的な内容だけでなく，冒険的な内容も含んでいる。それゆえ，入門書という定義は適切ではない。副題が示すように，本書のテーマは企業価値の評価であり，評価理論のもつ意味や限界について論じている。

　企業のファイナンスは，米国発の金融資本主義的思想が生み出した実践的な学問である。しかし，この理論は，中途半端な理解で実務に使用すると大きな間違いを犯す。ファイナンスの専門家と称する人々も，ときに間違いの片棒を担ぐ。ファイナンスは，それ自身としては価値を生まない。あくまでも，実業があり，人があって，これを支える黒子でなければならない。黒子が，主役を演じるような舞台があれば，観客は大荒れになる。すばらしい黒子の活躍があっても，拍手喝采して終わることはない。観客は去り，舞台を観に来る人々はいなくなる。

　ファイナンスは，正しい価値の予測や，成功の秘訣を伝授するものではない。ファイナンスの理論を使えば，企業や事業の価値，株価や債券価値を占えるような錯覚をする人がいる。そのような占星術師的専門家に頼らねばならない経営者は，不幸なことだが失敗する。米国のMBAをはじめ，一見すると精緻なモデルを駆使したファイナンスの知識が闊歩し，戦略的意思決定にはファイナンスが必要不可欠という状況を作り出している。しかし，ファイナンスは黒子であり，主役になってはならない。

　本書は，ファイナンシャル・マネジメントという学問の限界を知り，むやみにファイナンスの理論を振りかざす理論家らしき専門家に警鐘を鳴らす。理論

の一人歩きは，非常に危険である。理論は，その理論の前提や使い方を共通のものとしたときに，本来の価値や意義があるのである。

　本書のタイトルは，『ファイナンシャル・マネジメント』であるが，その副題に本書の主張がある。ファイナンシャル・マネジメントは，企業や事業が行う仕事の価値を金融・財務的視点で眺めるものである。その意味するところを理解した上で，その限界について考えてもらいたい。ファイナンスは，市場の均衡理論に立脚することで，洗練されたモデルを構築する。しかし，モデルが作り上げる数字に騙されるべきではない。金融・財務の数字は，市場の均衡理論という客観的評価に支えられているようにみえるが，実は非常に主観的な内容を含んでいるのである。本書の目的は，こうしたファイナンス理論の限界を理解するためのものである。

　最後に，本書の出版を快諾いただいた学文社の田中千津子社長と編集・企画にお力添えをいただいたスタッフの方々に感謝したい。学文社のご協力により上梓することができた本は，編著書を入れると6冊目になる。ここに改めて深謝する次第である。

2009年4月

亀川　雅人

目　次

はしがき　i

第1章　企業と資本概念 ——————————————— 1
- （1）本書の目的と学問領域　1
- （2）資本主義経済　2
- （3）資本蓄積と迂回生産　4
- （4）貯蓄と投資　6
- （5）生活資料としての資本　9
- （6）支出と収入の時間差　11
- （7）資本と利子　12
- （8）利子による資本認識　15

第2章　利子と利潤 ——————————————— 17
- （1）財産の増加と利潤　17
- （2）利潤と資源配分　18
- （3）企業家と利潤の関係　20
- （4）参入と退出の時間　21
- （5）市場利子率の決定と役割　23
- （6）資本コストの概念　27
- （7）会計上の利益と資本コスト　29
- （8）貯蓄を投資に向ける仕組み　30
- （9）証券化と資本　31

第3章　資本資産評価の一般原理 ——————————— 35
- （1）将来を評価する資本価値　35
- （2）時間価値　37
- （3）株式および債券価格　43
- （4）資本価値の相対性　46
- （5）リスクの評価　47
- （6）情報の役割と効率的市場　50
- （7）実験室的市場と現実の市場　52
- （8）経営者評価と情報の非対称性　54

第4章　リスクの評価モデル ──────── 58
- (1) リスク評価の基本的問題　58
- (2) リスクの管理と評価手法　60
- (3) 分散投資によるリスク削減　65
- (4) 分散投資を前提とした均衡理論　70
- (5) マーケット・モデル　73

第5章　株式会社の資本 ──────── 75
- (1) 利益を生む企業資本　75
- (2) 資本調達手段としての企業形態　76
- (3) 株式会社と資源配分　81
- (4) 株式会社の資本調達　82
- (5) 株主と経営者の利害調整　87
- (6) 株主と従業員の利害調整　91
- (7) 債権者と株主，新旧株主の利害調整　92
- (8) 顧客と株主の関係　93
- (9) 株式会社という考案物　94

第6章　株式会社の利潤・損失 ──────── 97
- (1) 資本コストと利潤　97
- (2) 冒険商人　98
- (3) 一般的な事業モデル　103
- (4) 創業者利得　105
- (5) 相対的な利潤評価　108

第7章　投資決定 ──────── 113
- (1) 投資決定とは何か　113
- (2) 投資の分類　116
- (3) 投資の尺度　119
- (4) プロジェクトの資本コスト　126
- (5) リアル・オプション　128
- (6) 投資の経済計算の意味　130

第8章　キャッシュフローと資本コスト ──────── 132
- (1) プロジェクトの評価　132
- (2) 収入予測と費用構造　134
- (3) キャッシュフローと契約関係　137
- (4) 経営者・従業員および組織のリスク　143

(5)　証券市場とキャッシュフロー　146
　(6)　キャッシュフローと資本コスト　147

第9章　資本構成と企業価値 ―――――――――――――― 149
　(1)　資本構成の問題とは何か　149
　(2)　加重平均資本コスト　150
　(3)　資本構成と企業価値の関係　153
　(4)　資本構成と資本コスト　156
　(5)　資産構成と資本コスト　158
　(6)　節税効果　161
　(7)　相対的企業価値の変更とビジネス・リスク　163
　(8)　現実的なモデル要因　164

第10章　配当政策と企業価値 ――――――――――――――― 167
　(1)　配当政策の意味　167
　(2)　配当可能利益の意味　169
　(3)　MM的な配当の世界　171
　(4)　配当政策と摩擦要因　174
　(5)　配当政策と時間　177

第11章　株式評価の指標 ――――――――――――――――― 179
　(1)　指標の意味　179
　(2)　会計利益と株価の関係　180
　(3)　株価収益率　187
　(4)　株価純資産倍率　189
　(5)　経済的付加価値　191
　(6)　おわりに　192

第12章　資本理論としてのファイナンシャル・マネジメント ――― 195
　(1)　境界線　195
　(2)　多様なアプローチ　198
　(3)　ファイナンスの視点　201
　(4)　資源配分と競争　203
　(5)　説明手段　205
　(6)　本書の主張　207

参考文献　209
索　引　213

第1章　企業と資本概念

(1) 本書の目的と学問領域

　研究テーマの目的や研究対象は，最初に述べねばならない。しかし，最終章で論じるべき内容でもある。研究対象や領域を認識する場合，その分野に対する問題意識や経験を有する者であれば意味がある。一定の関連知識を取得せずに研究の境界線を問題にしても，その意味や議論の内容を理解することはできない。われわれがひとつの問題に関して議論を行うのは，共通の問題意識を有するためである。そして，その問題意識の範囲が狭くなればなるほど活発な論争が展開される。

　医学や物理学の論文は，それぞれの分野の基礎知識が必要である。内科と外科や耳鼻咽喉科と脳外科との間には深い溝がある。共通の関心を有していても，境界が異なれば深い議論に発展することはない。経営学者や経済学者でも，特定の専門分野を研究するには，基礎的な学習が必要である。そして，さらに特定分野の研究に入り込む場合，その研究領域に共通の言葉が必要になる。

　ファイナンシャル・マネジメント（Financial Management）は，企業の資本調達と運用を主要な研究テーマとしている。コーポレート・ファイナンス（Corporate Finance）やビジネス・ファイナンス（Business Finance），あるいはマネジリアル・ファイナンス（Managerial Finance）と呼称される学問は，基本的には同一の研究目的と研究対象をもつ。日本では，経営財務や企業財務，財務管理，企業金融などと訳されている。その研究テーマとなりうるキーワードは，キャッシュフロー，金融・資本（証券）市場，株式や債券の価値，配当や利子，資本コスト，リスク，資本構成，投資決定，オプション，M&Aなどである。その基本テーマは，資本資産の評価であり，企業価値評価である。それ

は，企業の資本理論としての特徴をもつ。

　本書は，こうした考え方に基づいて，その中心テーマを企業価値の評価に置いている。企業価値の向上は，経営資源の使用目的が正しく，その利用効率が高いと評価される。市場は，希少な経営資源を企業に配分し，企業は配分された資源を組織内部に振り分けねばならない。ファイナンシャル・マネジメントは，そうした資源配分の基準を提供する道具（モデル）であり，企業という資本を評価する学問である。それゆえ，最初に共通の言葉とすべきは資本である[i]。

(2)　資本主義経済

　われわれは資本主義社会のなかで，生産と消費の活動を行っている。資本主義と称されるように，この社会の重要な特徴は資本である。一般に資本という言葉は，資金と同義語のように使われるが，その本質は現金とは異なる。本章は，ファイナンシャル・マネジメントが対象とする資本を考察し，その意味を理解することを目的とする。この理解なしには，ファイナンシャル・マネジメントの本質的な目的や役割を理解できないためである。

　資本の本質を理解するには，経済社会の仕組みを考察する必要がある。最初に取り上げるべき特徴は，私有財産制である。生産された財・サービスは私有財産であり，分業を前提とする以上，私有財産が交換対象となる。交換経済は，市場を形成し，市場取引（売買）は価格を機能させる。私有財産の交換は，自己責任を原則とする。交換当事者は財産を守るため，自らの犠牲（cost）を最小化し，交換相手からの見返り（return）を最大化しようとする。この行動原理は，利潤最大化に他ならない。それは，株式会社における株主の富最大化に置き換えられる。

　私有財産を守るには，今日のみならず，将来にわたる取引を考慮しなければならない。正当な交換取引が市場取引の条件であり，不当な取引は排除される。私有財産の交換が社会の富を毀損するのであれば，資本主義社会は破綻に向か

い，私有財産制度は崩壊する。

　交換取引が非効率であれば，分業経済は維持できない。分業の一角を担うのは，相対的にコストを最小化できる優れた生産者である。競争劣位にある生産者は，財産を維持できず，淘汰される。その正当性は，市場における生産活動が，生産者本人のためではなく，交換（販売）を目的とした他者のための生産であるという点にある。資源が希少である以上，効率的に生産し，これを社会に分配しなければならない。

　生産目的で資源を集める経済主体は，企業という概念で説明される。資源を提供する立場からみれば，企業の生産活動は手段である。資源提供者は，自らの消費のために，企業から所得を得ることが目的となる。経済学では，この資源を生産要素と称し，本源的生産要素と派生的生産要素に分類する。前者は，土地と労働力であり，後者は資本である。土地は自然資源を指し，人間の生産活動により自然資源が加工される。人間の生産活動は，自然との直接的対話ではなく，道具を介在して行われる。この道具を資本と称する。

　私有財産の形成は，生産要素も市場取引の対象とする。自然資源が売買対象となるように，労働力も売買される。労働市場の成立である。生産を行うための道具（生産手段）は，生産された財であり，そもそも売買対象である。生産手段を所有する行為は，今日の取引のみならず，将来の取引を念頭に置く。時間の概念を導入すれば，資本は生産活動の一定期間にわたりストックとして存在し，耐用年数が尽きるまで生産活動に使用される。それゆえ，今日購入される道具としての資本は，将来の利潤獲得を目的とする。

　人々は利潤を最大化する生産活動に勤しむが，そこで鍵を握るのは生産手段である。他者よりも有利な条件で生産しなければ利潤を実現できない。不利な条件の生産は損失を招く。結果として，生産主体である企業は，優れた生産手段の所有に関心をもつ。生産手段を所有する行為，すなわち，資本形成という投資活動が，社会の仕組みのなかに埋め込まれている。

　生産手段の供給者も，原価を引き下げる生産方法を工夫し，量的な増加と質の向上に努力しなければならない。企業は，より優れた技術の生産手段を大量

に所有することで，低コストの生産を可能にし，利潤最大化を試みる。生産手段の需給双方が，利潤最大化を目指すことで，資本の質的・量的蓄積が進展するのである。われわれの社会を資本主義社会と称する所以である。それゆえ，われわれの社会は，企業の投資活動により特徴付けられているのである。

　しかし，投資活動は各企業が独立に意思決定できるものではない。企業の環境変化により，投資せざるを得ない状況がつくられる。新しい技術が登場すると従来の機械設備は陳腐化する。競合企業の投資は，自社の投資を誘発するかもしれない。こうした環境依存型の投資活動が，経済全体の景気循環などを生み出す要因となっている。

(3)　資本蓄積と迂回生産

　資本蓄積が進んだ社会は，迂回生産の進んだ社会である。迂回生産とは，文字通り回り道の生産である。われわれは，直接自然資源に働き掛けるのではなく，道具を介して生産活動を行う。道具をつくることは回り道ではあるが，生産効率が高まり，生産性が上昇する。つまり，資本形成は，迂回するためのバイパスの建設を意味する。

　箸の生産を考えてみよう。木材のチップから箸がつくられる。道具を一切使用しなければ，箸に適した小枝を拾うことになろう。自分ひとりの箸であれば，それほど時間をかけずに適当な箸がつくれるに違いない。もちろん，小枝が拾えるような場所での話である。しかし，家族全員，あるいは村人全員の箸を準備することになると，結構な時間を費やすことになる。

　箸の生産プロセスをイメージしてみよう。山林より樹木を切り倒し，麓まで下ろし，運搬車両で貨物列車の引き込み線まで運び，製材所に向かう。木は製材所で箸に適した木材となり，箸工場に運搬される。箸工場が機械化されていれば，木材は大量に箸の形に削られる。熟練職人が箸をつくる場合は，職人が自ら研いだ刃物で，一膳ずつ手作業で箸がつくられる。

　このプロセスには，すでにストックとしての資本が介在している。樹木を切

り倒す斧やノコギリ，チェーンソーは，生産手段としての資本である。倒れた樹木を筏にして川を下るとすれば，筏にするためのロープは道具である。運搬のための車両や貨物列車，製材所の設備や工場，箸職人が使う道具や機械は，すべてが資本である。運搬に使う道路や線路も箸の生産に欠かすことのできない資本である。こうした道具が準備されていることで，小枝を拾うことのできない家庭にも箸が届くのである。

　現在のように大量の箸を生産するために，われわれは気の遠くなるようなバイパスを建設してきた。樹木を切り倒す斧やノコギリ，さらにチェーンソーは，鉄を必要とする。鉄鉱石を採掘し，これを斧などに加工するプロセスは，箸の生産以上に多くの道具が必要とされる。鉱山や製鉄所の高炉を想像してみよう。筏を組むためのロープは，農家による麻の栽培から始まる。ここでもトラクターなどの道具が使用される。プラスチックや石油製品が必要になれば，油田と石油精製工場が介在している。運搬用の車両や道路，鉄道などを一から準備するには何十年もの時間がかかる。小枝で箸をつくることは簡単であるが，現在の箸の生産には，きわめて多くの道具が使われているのである。

　企業は，こうした道具を生産する目的で，道具の種類ごとに取りまとめられている。鉄鉱石を採掘する会社，製鉄会社，石油精製，石油の輸入，造船会社，海運会社，自動車の生産，販売など，多様な企業が，最終的な家計消費のために道具を生産している。企業は，道具を生産し，販売すると同時に，企業自体が道具の塊になっている。生産手段の所有は，生産準備が整っていることを意味する。換言すると，生産準備が整うことで企業として認識されるのである。企業は多様な資本の結合体である。各企業は，分業体系のなかで，自らの判断で投資し，新たな資本を形成する。

　財務諸表を知る人は，貸借対照表を思い起こしてほしい。新たな資本形成は資産総額の増加を意味する。貸借対照表の借方には，家計に販売されるのを待つ財・サービスから，一見すると家計とは無関係な油田会社の設備や鉱石を採掘するための道具，財の輸送に使用される港や空港，道路などがある。いずれも，家計が消費する財・サービスのための生産手段である。

資本蓄積の進展は，自然資源が家計によって消費されるまでの間に，多くの企業を介在させる。バイパスの建設は，企業の数や種類，あるいは規模の増大を意味し，貸借対照表の資産総額を膨張させてきた。そもそもバイパスの建設目的は，走行距離を長くする一方，渋滞を避けることで，目的地までの到着時間を短縮化することにある。短縮化できなければ，バイパスは無価値であり，バイパス建設に費やされた資源は無駄に浪費されたことになる。資産総額が増えても生産が効率化されねば意味はない。道具は，それを使うことで生産効率を高め，より質の高い財・サービスを生産できるときに価値がある。社会全体の貸借対照表を作成すれば，資本の蓄積過程は資産を増加させ，資産勘定の種類を増やす。個々の企業レベルにおける資産形成は投資決定に基づいている。

(4)　貯蓄と投資

　資本形成は，貯蓄を前提とする。迂回化は，直接的生産による現在の消費を耐忍し，消費を延期することで，より多くの将来消費を期待する。しかしながら，この議論は，単なる時間の延長ではない。時間の経過と生産活動が関係している。消費を後回しするだけでは生産増加はなく，消費を諦める代わりに，生産手段としての資本を形成することが必要なのである。生産手段による生産性の上昇を期待するのである。

　消費は，各家計レベルで購入する財・サービスである。政府や海外貿易などを考慮しない閉鎖的な経済を仮定しよう。社会の生産能力が100の水準にあるとき，家計が80の消費をすれば，20の余剰生産能力が存在する。80の消費は，企業側からすれば消費財の生産であり，家計に販売して消費される。余剰生産力は，消費財に利用されない資源（生産要素）を意味する。企業が企業のために生産する道具は，この余剰生産力を原資としている。20は生産手段としての資本形成に充当される。社会に余裕があることで，企業は投資活動が可能となる。100の生産物が販売され，その価値を回収すれば，賃金，地代，利子といった生産要素の報酬となって分配され，それぞれの所得となる。

余裕があるにもかかわらず,投資が控えられると,社会の所得は減少する。100の生産力のある社会が,80の生産しか行わなければ,所得も80に減少する。もちろん,社会が豊かになり,余剰能力を使用することなく余暇を選択することもある。事実,多くの社会は,経済成長に応じて余暇を増やしてきた。

さて,所得(Y)から消費(C)を差し引いた部分が貯蓄(S)である。年々増加する貯蓄部分は純貯蓄であり,過去の貯蓄を総計したものは総貯蓄である。この関係は,下記のように単純な関係である[ii]。

$$Y=C+S \qquad ①$$

一方,生産される財・サービスは,家計の消費財(C)のみならず,企業が購入する資本財(I)から構成される。したがって,下記のような関係にある。

$$Y=C+I \qquad ②$$

①式と②式をみれば,単純な以下の関係が理解できる。

$$I=S \qquad ③$$

この式は,投資(I)と貯蓄(S)が等しくなるという恒等関係であり,特別な因果関係は示されていない。貯蓄は必ず投資に向かうことになる[iii]。企業の貸借対照表の思考方法では,借方と貸方が定義上等しくなるということと同じである。投資は借方であり,貯蓄は貸方である。家計の貯蓄が金融資本市場を媒介として企業に流入し,さまざまな生産手段に投資されることになる。100の貯蓄が流入すれば,100の資産を購入することになる。借方と貸方のバランスは,倒産するまで,常に保たれるように定義されている。

定義上の関係とは別に,投資と貯蓄は,いかなる関係をもつのであろうか。そこには,何らかの因果関係が存在すると考えるべきである。両者の意思決定者が同一であれば問題はない。1年に生産できる財・サービスが100であれば,そのうち80を消費財として生産し,自ら消費する。残り20で道具を生産すれば,貯蓄行為と投資行為が意思決定の段階で結びついている。

しかしながら,分業経済では,消費者と生産者が分離しており,それゆえ,貯蓄主体と投資主体は異なっている。貯蓄主体は,消費を決定する家計であり,同時に,資本の供給者になる。他方,投資主体は,家計の貯蓄を実際に運用す

る企業である。具体的な投資の運用先は，企業の経営者により決められる。企業は，投資主体ではあるが，資本を供給する投資家ではない。

　社会の生産能力が100であるとき，家計が80を消費すると，生産能力は20しか残らない。逆に，企業が30の投資を決定し，これを実施すれば，家計は70しか消費できないことになる。ここで因果関係は逆転する。企業が積極的に工場建設や設備投資を行えば，消費財の生産に従事する労働者が減少し，資本財を生産する労働者が増加することになる。今期に生産可能な消費財は減少し，次期に生産される消費財の増加が期待される[iv]。

　多くの消費財が注文生産ではなく，見込み生産であるため，企業はあらかじめ生産計画を策定し，生産手段を準備しなければならない。そのため，企業の投資活動が先行し，生産・販売活動が行われ，家計の消費となる。企業の投資と家計の消費は，時間的に乖離しているのである。

　企業が過剰な消費期待をすれば，消費財は売れ残り，意図せざる在庫となる。それでも，①式に当てはめれば，売れ残りの在庫も貯蓄と定義され，②式では在庫投資として定義される。企業にとって意図せざる在庫の増加は，期待していた売上代金を回収できず，次期の生産を縮小しなければならなくなる。生産を増加させる機械設備などの投資も抑制される。他方，控え目な売上を予想していた場合，在庫が減少し，増産をすることになる。現在の操業度に余裕がなければ，設備投資をすることになる。

　要するに，計画段階における投資は，実際の家計の消費動向により，意図せざる結果となることがある。各企業の投資計画が，同一方向に誤るとすれば，景気後退や過熱化を生み出すことになる。当然のことであるが，各企業は，それぞれに売上予想を立て，年度初めに生産および販売計画を策定している。各企業の顧客が，計画通りの売上を実現してくれるのであれば，企業は慎重な投資計画を策定する必要はない。

　家計は，その貯蓄の多くを金融資産の形態で所有している。国債や地方債，銀行預金や社債，保険，株式などの金融資産は，金融資本市場を介して国や地方，企業の投資活動に充てられる。毎年の所得のうち，消費しなかった部分が

貯蓄され，新たな資本を形成している。

過去の貯蓄は，すでにストックとして蓄積されている資本であり，民間の工場や機械設備，店舗，商品在庫や原材料などの私的資本と，国や地方により建設される道路や港湾，空港などの社会資本から構成される。新たに生み出された純貯蓄は，新たな資本形成のための投資活動に使用され，資本を蓄積していく。しかし，貯蓄主体と投資主体の思惑の相違は，結果として，資産価値を失わせることもあるし，より高い価値評価を得ることもある。

いずれせよ，家計の貯蓄は，企業の生産手段や社会のインフラなどの資本形成に供されている。銀行預金や債券，株式などの金融資産をもつ家計は，企業や社会の資本家という役割をもつことになる。

(5) 生活資料としての資本

投資活動は，現在の消費を延期し，生産手段を準備することで生産物を増加させ，より多くの収入を期待する行為である。貯蓄が存在しない世界では，投入した資源のすべてが消費に充てられる。明日の生活のための準備ができず，その日暮らしの生活となる。所得 (Y) は，そのすべてを消費 (C) せざるを得ない。貯蓄 (S) が存在しなければ投資 (I) に回る資源は存在しない。

この簡単な関係を言い換えれば，貯蓄は，道具の生産活動に携わる人々の所得を意味している。工場を建設するとなれば，工場建設に関わるさまざまな資材や建築会社の従業員，現場監督や職人を雇用しなければならない。建設期間が半年であれば，その期間中に雇用される人々の生活資料を確保することになる。この側面からみる資本は，生産された資本財としてではなく，資本を形成するために，仕事に従事する人々を養う生存基金と定義される。

この資本概念は，建設仮勘定や運転資本を考察する際に重要である。開業の準備期間が長い場合や建設期間が長期に及ぶ事業は，あらかじめ多額の資本を準備しておく必要がある。それは，必ずしも固定資産を形成するものとは限らない。専門的技術が要求される事業を起こす場合，その技術が一般的なもので

なければ，開業前に従業員の研修が必要となる。特殊で高度な技術であれば，準備期間が長期化する可能性がある。この期間中に支払われる従業員の給与は，その性格上，資本と認識されねばならない。

大規模な工場の建設も，建設期間が長期化すれば，事前に準備すべき資本が増加する。システム開発の設計に長期間の知的労働が必要となれば，設計が完成するまでの間，これに携わる人々の給与は資本とみなされる。長期間にわたり，消費を延期することができる社会は，それだけ大規模な固定資本を形成することができ，また，緻密で時間のかかる高度なソフトが生産できるのである。

多くの貯蓄をもつ社会は，社会を豊かにする資本形成が可能になる。資本形成のために，多くの人々が雇用され，さらに貯蓄が増加し，新しい資本形成が可能になる。他方，貯蓄をもてない社会は，資本を形成できず，豊かな社会との差が拡大する。これは，貯蓄の有無がもたらす個人の所得格差や企業の規模や価値の格差にもかかわる問題である。

しかしながら，豊かな社会の定義はむずかしい。生活に必要な財・サービスが十分に供給され，人々が不自由を感じることなく生活する社会は豊かであるかもしれない。だが，モノが溢れ，人々が現状に満足する社会では経済成長がない。いわゆる，金余りという状況を生み，新しい投資先がみつからないために，既存資産の価値が高騰する。土地や株，あるいは絵画など，供給が固定されている資産の価値が騰貴する。既存の事業に資金が供給されても，設備投資をする必要がない。モノが溢れる一方で，社会は閉塞感を生む。新しい財・サービスが登場し，人々の新しい需要が生まれねば，貯蓄の向かうべき先がないのである。

この図式は，企業レベルでは，成熟した事業に当てはまる。市場を占有し，十分な収入を確保している企業は豊富なキャッシュフローを所有するが，新たな成長戦略を描くことができなければ，現金を抱えることになる。新たな事業を起こし，新しい雇用を創出するような機会が存在しなければ，企業はいずれ衰退し，消滅することになる。企業は，新たな投資先を発見し，経営資源を調達するための現金不足の状況にあることが望ましい。資本調達の必要性が高ま

るのは，魅力的な資本運用先をみつけるからである。

(6) 支出と収入の時間差

　企業の資本形成は，家計の貯蓄を原資としている。社会に貯蓄を形成できる生産力がなければ，投資を実行できない。投資活動は，道具の生産プロセスであり，道具を完成させて，収入を実現しなければならない。資本は，収入を実現するまでの間，投資活動に携わる人々の生存基金である。

　生存基金が必要になるのは，キャッシュフローの時間差にある。つまり，支出が先行し，収入が一定の期間を経てから実現するためである。しかも，支出は，ある時点で投入される場合もあるし，連続的に投入されることもある[v]。一定期間を経て資本が形成されると，資本の耐用年数にわたり，収入が連続的に実現する。支出が先行し，収入が実現するまでの時間差を埋める役割が資本である。工場建設は，ある時点で投資され，工場が操業し始めると，工場の耐用年数が尽きるまで収入を稼得することになる。研究開発投資は，研究所の研究員や実験などに継続的に支出され，製品として完成した後に販売収入や特許料収入など，連続的な収入をもたらすことになる。

　生産活動がタイムレスに行われるのであれば，支出と同時に収入が実現する。タイムレスというのは，資産の耐用年数を考慮しない，短期や長期の概念が存在しない世界である。工場や機械設備などの固定資産，原材料や製品などの流動資産が，いずれも時間に関して細分化され，現在時点の収入と現在の支出が対応する世界である。それゆえ，貯蓄として資本を準備する必要はない。すべての生産要素はフローとして認識され，ひとつの財・サービスの生産のたびに清算される。それは貸借対照表が存在せず，損益計算書のみの世界である。

　しかし，現実には，支出と収入に時間差が存在し，フローと同時にストックが存在する。継続した事業活動は，いかなる時点でも貸借対照表を認識しなければならなくなる。実現する収入が長期にわたる場合には，多くの資本を準備しなければならなくなる。短期間の収入しか実現しない場合には，準備すべき

資本も少なくて済む。

　加えて，収入の実現が長期間にわたる場合，生産環境の変化が考慮されねばならない。財・サービスの需要は，多様な要因で変化する。それゆえ，期待される収入の大きさは，資本回収の長期化に伴い，変化を余儀なくされる。リスクの存在である。リスクは，資本回収の長期化により大きくなることになる。

(7)　資本と利子

　貯蓄を提供する資本家（家計）に対しては，消費を耐忍する報酬として利子が提供される。利子を提供しなければ，消費を延期する誘因がない。この利子の源泉となるのは，道具がもたらす価値の増加である。迂回生産するには，迂回化することの恩恵が必要である。道具を用いて生産物が増加することを期待し，この増加部分が資本家の報酬としての利子になるのである。

　自給自足的な閉鎖経済を想定しよう。生産と消費は，同一の人格で完結する。そのため，貯蓄主体と投資主体も同一である。1日に生産する財・サービスは，今日の消費目的と明日以降の消費（貯蓄）目的に峻別して生産される。貯蓄目的の生産物は，直接的な消費財の在庫もあるし，消費財を生産する道具の生産に従事することもある。

　道具をまったく所有しない初期状態を仮定する。自然資源が乏しい状況では，供給する労働力に対して，生産される生産物はわずかである。生産性は，自然状況に依存することになる。資本が存在しない状況では，生産物は賃金と地代に分解される。

　生存目的の食糧を中心とした生産活動は，自然資源に左右される。1日の食糧が十分に確保できなければ，貯蓄行為は困難である。1日の労働時間のすべてが食糧確保に費やされ，その食糧が消費される。総生産（Y）＝消費（C）の世界である。

　10の食糧が必要不可欠のときに，10の食糧生産では貯蓄できない。10の食糧は，賃金と地代である。この状況での貯蓄は，大きな耐忍の報酬が要求され

る。ここでは，2の消費を延期し，貯蓄を決意するとしよう。この状況で最も必要な道具は，食糧生産に必要な道具である。食糧生産の時間を食糧生産に使用する道具の生産に振り分けることにする。ここで貯蓄 (S) が投資 (I) に向けられることになる。

事前の期待では，道具の使用により15の食糧が確保される予定である。食糧2を貯蓄して，これを投資することで5の生産増を期待することになる。道具が永久に使用可能であるとすれば[vi]，耐忍の報酬は永続的な5の生産物である。これは資本の報酬である利子である。

実際に道具が完成し，翌日の生産活動で15以上の食糧が確保されれば高い満足を得ることができ，15以下の生産物しか実現できなければ投資は期待を下回ることになる。道具の所有者である資本家は，5の利子を期待し，これを基準にして投資活動を遂行したのであるが，実現値は5を上回ることも下回ることもある。これはリスクの問題であると同時に，第6章で議論する資本家（株主）の利潤・損失の概念につながってくる。

この段階では，期待と実現値が一致するものと仮定しよう。確実性の世界である。2の投資に対して5の利子は，250％という非常に高い利子率である。実は，ここには利子率計算に根本的な問題がある。15の食糧品が生産された状態と，10の食糧品の状態では価値が異なっている。食糧品10の単位当たり満足感（効用）と15の単位当たり効用は，前者が後者より高い。農産品の価格が，豊作になると低下することを連想すれば理解できる。

貨幣経済では，10の食糧品の価値が100のとき，15に増加した食糧品の価値は120かもしれない。投資家は，生産物の数量ではなく，価値量で投資を判断している。自給自足経済では，生産者＝消費者の効用で測定され，判断することになる。

経済主体が合理的な判断をする世界では，現在の消費と将来の消費の選択は，効用で測定された利子の大きさで評価することになる。利子率は，現在消費と将来消費の交換比率（価格）を意味する。利子率が高ければ，現在の消費を諦め，貯蓄することを選好する。

投資の優先順位の上位にくるのは，高い利子率の投資対象である。食糧品の価値が最も高いときには，食糧品を生産するための道具に投資される。食糧品が充足されると，貯蓄は容易になる。10の生産状態と15の生産状態では耐忍の程度が異なり，要求する報酬も少なくなる。したがって，期待される利子率が低い水準でも投資が可能になる。合理的経済人は，利子率の高い投資対象から順に投資を実施する。投資が実施され，生産物が増加するたびに投資活動は容易になり，利子率は低下していく。社会が豊かになり，モノが溢れる状況は，利子率が低下した状態でもある。これは，カネ余りの状態と同義である。

利子率は，投資活動のたびに漸次低下していくが，通常の状況ではゼロ以下になることはない。道具をつくることで以前より生産性が低下し，価値が減少するようでは投資しない。しかし，これは事前の予想段階の問題である。現実には，設備投資や工場建設に失敗して，損失を被る企業は少なくない。生産者の多くが失敗すれば，分配される利子がゼロ以下になることも考えられる。このような状況では，新たな貯蓄が供給されなくなる危険がある。

同じ財・サービスが生産されている限り，利子率は低下する。食糧が十分確保された段階では，食糧消費の増加は期待できず，食糧を生産する道具の価値は小さくなる。家電製品は，各家庭に普及すれば，それ以上の売上が期待できない。同種の製品を生産する工場や機械設備への投資は，過剰生産による生産物価格の下落可能性を高めるために控えられる。一般的に，モノやサービスが十分購入できていれば，消費は増やさない。所得に占める消費の割合は減少し，貯蓄が増加する反面，投資が控えられ，利子率が低下する。

利子率が上昇に転じるのは，新たな生活提案を認識したときである。同種の食糧品であれば，さらなる必要性を感じなくとも，新たな満足感を提供する食糧品が提供されれば，その生産のための道具を欲することになる。ブラウン管のテレビを所有していても，大画面の薄型テレビの需要は生まれる。イノベーションとよばれる活動は，低下する利子率を上昇に転じるエネルギーを有している。

(8) 利子による資本認識

　資本は，利子を生まねば資本ではない。道具として価値が認識されるのは，利子を生むからである。しかし，この関係が成立すると，資本の概念は拡張できる。利子を生む道具が資本であるということは，利子をもたらすものは，有形・無形にかかわらず資本と認識される。将来の利子をもたらす行為や権利などが資本として価値評価の対象となる。利子とは，貨幣経済ではキャッシュフローの形態をとる。したがって，将来キャッシュフローを生み出すものは，資本概念に括られる。

　ブランドの形成は，少ない営業コストで売上を期待できるという意味で，将来のキャッシュフローを増加させる。それゆえ，ブランドは資本として認識される。商標や会社名が資本としての価値をもつのである。著作権，特許権，意匠権などの知的財産も同様である。

　従業員に対する研修は，教育投資である。今日の収入には結びつかないかもしれないが，明日以降の収入増が期待されれば，資本として評価しなければならない。機械化して収入を増加させることと，従業員の技術向上による収入増加を同じ基準で評価するのである。それは，有形資本を購入するか否かの判断基準を提供する。機械化をするか否かは，単なる設備の購入問題としてではなく，従業員の人事・労務管理の問題とかかわることになる。

　経営者の戦略は，競合企業に比べて優れていれば，超過のキャッシュフローが期待できる。組織設計に優れていれば，生産性の向上や収益性を高めることができ，将来キャッシュフローは競合企業を超過すると予想される。取引先企業との関係が良好であり，質の良い原材料や部品が調達できると評価されれば超過キャッシュフローに結びつく。顧客との関係やその他の社会関係の善し悪しも無形資産を形成して，企業の資本価値を高くすることができる。企業は，目にみえる有形資産によりキャッシュフローを稼ぐのではなく，人的資源と結合し，事業の仕組みを構築することで評価されているのである。

　このように，企業という資本の価値は，個々の道具それ自体を，他の生産要

素と切り離して独立に評価・集計するのではなく，さまざまな生産要素との結合によって稼ぐことが期待される将来キャッシュフローの多寡で評価されることになる。将来キャッシュフローを現在の価値に資本還元するという考え方である。

将来キャッシュフローと現在価値の関係は，第4章で説明される。また将来キャッシュフローは，確実ではないため，その予想にはリスク評価が必要となる。この問題は，第5章で説明する。

注
i) 資本概念については，亀川雅人 (1993), (1996a) および (2006) を参照せよ。
ii) 政府支出 (G)，輸入 (M) と輸出 (E) を考慮すれば，$Y+M=C+I+E$ となる。社会が利用可能な財・サービスは，国内で生産されたものと海外から輸入されたものの合計であり，これが家計の消費と企業の投資，そして海外の輸出に振り分けられる。税金 (T) を考慮すると，$C+I+G+E=C+S+T+M$ の恒等式となるため，IとSの関係は，$(I-S)=(T-G)+(M-E)$ となる。貯蓄を上回る投資（過剰投資）が行われる状態は，財政黒字と貿易収支の赤字で賄われる計算である。逆に，貯蓄が投資を上回る過少投資では，財政赤字もしくは貿易収支の黒字が対応することになる。
iii) 「貯蓄から投資に」という言い方は，銀行預金などから証券投資へという意味で使われることが多いが，ここでの使い方は家計の貯蓄が資本の形成に向けられるという意味で使われる。
iv) 政府の役割を導入してみよう。生産能力があるにもかかわらず，家計の消費が少なく，企業も投資意欲がないとすれば，100 を生産できる能力が生かされない。利用されない生産要素を政府が調達し，生産活動に生かすことができれば生産は増加し，社会の所得が増加する。これはケインズが考える政府の役割である。未利用の資源を社会資本の形成に利用するという考え方である。しかし，すでに 100 の生産能力を活用している状況では，政府が資源を利用することで問題が生じる。生産要素を含む資源の価格上昇である。他方，国の政策として，強制的に貯蓄を強いることがある。国民生活が豊かな消費生活を享受していない状況で，国が優先的に基幹産業に資源を傾斜配分することがある。炭鉱の開発や製鉄所の建設，鉄道や道路，電力事業などに投資すれば，国民は建設期間にわたり，消費を延期しなければならない。日本の高度経済成長期は，国家による投資を優先するため，社会の貯蓄を優先的に基幹産業に配分するための仕組みを構築していた。そこでは，政府系金融機関は重要な役割を演じていたのである。亀川雅人 (1996b) 参照。
v) Hicks, J. (1973) は，オーストリア学派の資本概念として，時間との関連のなかで整理している。
vi) 減価償却を考慮しないことを意味する。

第2章　利子と利潤

(1) 財産の増加と利潤

　資本主義経済では，私有財産制度が確立し，個人は，私有財産を増やすことで，将来の消費生活を享受できる。老後の生活は，基本的には自ら貯えた財産を取り崩して消費することになる。財産の増加が豊かさにつながるのは，将来の消費を考えるためである。企業と家計という2分法の呪縛から解かれれば，人は消費生活のために生産（仕事）活動を行っている。個人の財産は，将来の消費のための貯蓄であり，資本なのである。

　第1章でみたように，資本には，さまざまな顔がある。生産活動のために準備される生産手段としての側面や，支出が収入に先行する生産活動の時間差を埋める生活資料としての顔がある。いずれも将来の消費生活のために準備されるものである。個人財産の増加は，資本の増加であり，自らの将来消費生活の豊かさを保障するものである。それは，私有財産制度における富の獲得であり，社会的視点では資本蓄積に寄与することになる。

　豊かさの尺度は，経済的には消費生活に依拠する。消費生活を豊かにしない財産は，経済的な意味における財産ではない。財産には，明日の消費のための貯えから，仕事を引退するまで貯え続ける財産まである。自給自足経済では，貨幣や貴金属は意味をもたない。生産者が一人である世界では，他人の生産活動に頼ることができないため，財産とみなせるのは，生産された財や生産を行うための道具である。貯えられた食糧や衣服，住居などの消費財と生産に役立つ道具こそが財産であり，豊かさの証となる。

　分業経済における生産活動は，他人の消費生活を豊かにするために行われる。他人の消費生活を豊かにできなければ，生産活動の意味がない。他人が欲する

財・サービスを提供し，その見返りとして自らの消費生活が豊かになる。企業家（所有者＝経営者）が豊かさを感じるのは，自らの将来の豊かさを考えるからである。しかし，彼の財産が増えるか否かは，他人の消費生活を豊かにできるか否かにかかっている。それゆえ，他人の生活に資する道具が整っているか否かで決まる。こうした生産準備が整えば整うほど，彼は財産の増加を感じるであろう。消費を耐忍せずに財産が増加すれば，利潤の獲得となる。

(2) 利潤と資源配分

われわれは，自らの財産を守り，増やそうとして，最小の犠牲で最大の満足を得ようと交換活動を行う。継続して事業活動を営む場合，正当な交換に努めねば，市場から退去を迫られる。ゲームに参加する以上，ゲームのルールを守ることが要求されるわけである。

多くの競争参加者が自らの犠牲を最小化しようと努めることで，交換当事者双方は，相互に特別な利益（超過利潤）機会を排除しようとする。生産された財・サービスの価値は，それに相応（ふさわ）しい価値が与えられる。労働者にはその質量に適した賃金が支払われ，自然資源に対しては，市場価値に等しい地代が支払われる。そして，資本を提供した家計に対しては，耐忍の報酬として利子が支払われる。特別に高い利子率を提供するためには，特別に高い利益を獲得しなければならない。しかし，そうした機会には，新たな企業が参入し，超過の利子を平準化し，正常利潤としての利子に低下してしまう。

賃金と地代と利子という所得分配の均衡が保たれている社会は，年々再々の経済活動が循環的であり，発展のない世界である。人口の変化や季節的な要因で所得に変化が生じることはあっても，それは自然的な要因であり，一時的な事象とみなされる。人々の暮らしに変化はなく，それゆえ，所得の分配にも変化がない。毎年同じ生産要素が結合し，同じ生産方法で，同じように消費される。このような世界は，市場経済であっても，市場競争の終焉した世界である。

均衡価格の形成メカニズムをテーマとする経済学は，こうした競争のない世

界を描写する。競争を仮定しているものの，競争のプロセスを問題としないために，超過利潤はゼロの状態となる。そこでは利潤の役割が正当に評価されない。しかし，利潤は，市場競争を生み出す最も重要な誘因なのである。

　均衡の成立要件は抽象化した理論展開を可能にし，応用可能な範囲を拡げている。しかし，現実的にはさまざまな要因が変化するため，理論上の均衡は成立しない。人々の食生活は，何らかの理由によって変化する。肉食から菜食に変化すれば，牧場主と農場主の所得に変化が生じる。牧場主の所得が減少し，投資した資金の利子所得が減少する。反面，農場主の所得が増加し，利子所得が増加する。牧場の雇用が減少し，農場労働者が増加する。

　新しい生産技術や販売方法をみつけた企業が，他の企業に先駆けてこれを利用し，コスト削減に成功すれば，利子所得が増加する。地理的に離れた販売で高い利益を享受することもある。しかし，高い利益率の機会が知れると，模倣者が現れ，多くの企業で所得を分け合うことになる。模倣者の参入は，超過利潤が正常利潤に低下するまで続くことになる。

　新しい財やサービスを提供しようとする企業家は，売上に関する予測がむずかしい。循環的な社会では，既存の財・サービスの分け前が確定しているが，新たな財・サービスの分け前は，販売するまでわからない。こうした財・サービスの事業化は，所得が不確実であるという意味でリスクが高く，一か八かの賭けになる。不確実性が大きい場合，事業化をする企業は少ない。競争相手が少なく，成功した場合は，市場のパイを独り占めできる。不確実性の大きさは失敗する確率の高さを反映している。

　成功者にはリスクに応じたリターンが提供されるが，成功が明らかになれば不確実性は小さくなり，市場参加者が急増してパイを奪い合うことになる。こうした模倣者や追従者は，必要とされる魅力的な財・サービスの増加に貢献し，このプロセスで超過利潤が正常利潤まで下落する。競争者が多ければ，超過利潤は瞬時に正常利潤に低下させられる。このように市場機能には，超過利潤を除去する仕組みが内在しており，超過利潤の減少プロセスが社会の豊かさの増加につながっているのである。

正常利潤は，社会の平均的な利子率を意味する。それは，競争市場で成立する所得であり，何もせず，自動的に保証される所得ではない。個々の企業は，利潤・損失を繰り返し，常に淘汰される企業と成長する企業が併存している。正常利潤や平均的利子率は，そうした市場競争における平均所得なのである。平均的な所得が期待されなければ，資源配分は認められず，存続の機会も奪われる。これは，後述する機会費用の概念を考察しなければならない。

(3) 企業家と利潤の関係

市場競争の主体となるのは，実際に企業の意思決定を担う企業家ないし起業家 (entrepreneur) であり，経営学では経営者として論じられる。新古典派経済学の均衡市場理論では軽視される企業家だが，スミス (Adam Smith) [i] やセイ (Jean B. Say)，リカード (David Ricardo) などに代表される古典的経済理論のみならず，マーシャル (Alfred Marshall) [ii] やケインズ (John M. Keynes) [iii]，シュンペーター (Joseph A. Schumpeter) [iv]，ナイト (Frank H. Knight) [v]，そしてカーズナー (Israel M. Kirzner) [vi] など，多くの経済学者が企業家の役割と価値を評価してきた。

それぞれの企業家像は，多様な役割を与えられている[vii]。しかし，その機能が所得を生み出さねば，経済上の資源とはいえず，社会的な価値はない[viii]。準レントの概念で説明するマーシャルや，不確実性に関連させたナイトの議論，均衡を破壊する新結合を重視するシュンペーター，そして市場の不均衡を発見し，その調整機能に着目するカーズナー等，いずれも企業家能力を希少な資源のひとつとみなしている。その役割は，新しい事業を創造する機能と事業の運営を管理する機能である。これらの役割が十分に発揮され，成功した場合に超過利潤が生まれる。

たとえば，シュンペーターは，新結合を次のように定義する。

1 新しい財：消費者の知らない財貨，あるいは新しい品質の財の生産。
2 新しい生産方法：当該産業部門において未実用の生産方法の導入。

3　新しい販路：当該産業部門が参入していなかった市場の開拓。
4　原料あるいは半製品の新しい供給源の獲得。
5　新しい組織の実現：独占的地位の形成あるいは独占の打破[ix]。

　以上は超過利潤の源泉であり，これらの諸活動が，経営資源の流れや組み合わせを変化させ，魅力的な企業に経営資源を集めることになる。経営者が利潤機会を発見し，経営資源を集めるプロセスこそ，資源配分の変更を生じさせる企業の競争である。利潤が資源配分のシグナルとなる所以である[x]。無駄な資源を使用せず，未使用の資源を有効に利用することで，新たな所得の発生を期待させ，価値を創出する[xi]。ファイナンシャル・マネジメントは，こうした価値創出を見出すための道具であり，経営者の能力を発揮させる手段である。

(4)　参入と退出の時間

　超過利潤は，参入と退出にかかる時間に依存する。参入・退出に時間がかからなければ，超過利潤はゼロである。これが完全競争市場における利潤ゼロの世界である。しかし，現実の世界では，参入も退出も時間が必要である。

　超過利潤を稼ぐ事業を発見するまでには，情報を収集する必要がある。これは，超過利潤を稼いでいる企業家ですら同じである。自らの事業が超過利潤を稼いでいることを認識するには，投下資本の回収が終了するまでわからない。1億円の貨幣資本を投資した事業が初年度3,000万円の利益を稼いでも，2年目には3,000万円の損失を計上するかもしれないからである。

　さらに，事業化するには時間がかかる。超過利潤を稼ぐ事業を模倣する場合には，有形資産の購入や建設期間，事業のノウハウ，取引先企業の確保，従業員の研修など，さまざまな準備期間を必要とする。模倣が終了するまでの間，先行者は，市場のパイを独り占めできるのである。参入障壁を構築できれば，超過利潤の獲得期間は長期化できる。

　魅力的な超過利潤の事業を発見しても，現在の事業が失敗していれば，この事業から退出するために時間が必要となる。誰もが平均以上の利潤を稼ぐつも

りで投資するが，結果は期待通りになるとは限らない。簡単な事例を出そう。

1億円を投資した事業の利益率が平均を下回り，時には，損失を計上しているとしよう。撤退を検討するが，事業の継続は可能な状況にある。その理由は，キャッシュフローの回収にある。赤字でも，キャッシュフローがプラスであれば事業は継続できる。売上収入から従業員の給与，水道光熱費，通信費，交通費，その他の諸経費を支払った経常的な収支がプラスであれば，現金残高は減少せず，むしろ増加する。しかしながら，赤字の継続は，過去に投資した1億円を回収できず，減価償却費に相当するキャッシュフローの部分的回収にとどまる。そのため，当該事業の再投資は行わないとしても，即座に中止すれば回収可能なキャッシュフローをすべて諦めることになる。

売上収入5億円，売上原価4億円で売上総利益1億円を計上している。販売費および一般管理費は，従業員の給与7,000万円，水道光熱費や通信費などの諸費用2,500万円，そして減価償却費1,000万円の合計1億500万円である。売上総利益から販売費および一般管理費を控除した営業損益は500万円の赤字になる。借入金など有利子負債がなく，また本業以外の事業活動を行っていなければ，経常損益は500万円の赤字のままであり，当期純損失を計上する。

しかしながら，現金収入が現金支出を上回る限り，事業活動の継続は合理的である。売上収入1億円を現金収入，減価償却費以外の諸費用を現金支出とすれば，500万円の現金が増加する計算である。1,000万円の減価償却費は回収できないが，そのうちの500万円を回収できる。初期投資1億円の経済命数が10年であれば，10年間の事業継続により1億円の半分を回収することになる。即座に事業を中止し，退出した場合には，回収できる5,000万円を諦めねばらない。それゆえ，回収可能な金額がある限り，事業の継続が選択される。

こうした参入と退出の時間差が，現実の企業間における利益率の差となるが，利潤・損失を即座に清算する市場が存在する。それは，後述する証券市場である。

(5) 市場利子率の決定と役割

　企業の投資と家計の貯蓄は，金融資本市場における資本の需要と供給により説明される。貨幣経済では，資本は貨幣資本の形態で取引され，貨幣の需給を介して貨幣の価格である利子率が決まる。それは，貨幣を測定尺度とした正常利潤率である。

　貯蓄の究極的な源泉は家計にあるが，金融資本市場では事業法人も金融法人も，多様な企業が余剰資金を供給する。それらは，家計が直接金融機関に託した資金のみならず，事業法人が自らの資産運用を目的とした資金がある。しかし，事業法人による本来の運用目的は，事業への投資であり，金融資産の運用ではない。さまざまな理由で，家計に返還すべき余剰資金を家計に代わって金融資産に投資していることになる。

　したがって，本源的に家計が余剰な貨幣を供給し，企業が不足した貨幣を需要するという構図になる。他の事情に変化がなければ，利子率が高くなるにつれて，家計は貯蓄を増やす。必要のない消費を控え，貯蓄に回す誘因になる。現在の消費を耐忍することで，将来より多くの消費が可能になるためである。利子率が低下すると，将来消費よりも現在の消費を選好する家計が増加する。現在の消費を諦めるに足るだけの将来の見返りが期待できないからである。

　縦軸に利子率をとり，横軸に貯蓄（貨幣資本量）をとれば，貯蓄曲線は右上がりの曲線として描くことができる。与件が変化し，所得増加や消費を控えねばならない事情が生じれば，家計貯蓄は増加し，貨幣資本の供給が増加する。これは貯蓄曲線を右方向に移動させる（図2-1）。

　企業の資本需要は，利子率が上昇すると減少する。資本を調達しても，採算がとれるような投資計画が減るためである[xii]。企業は，ある時点で多数の投資プロジェクトを計画している。たとえば，10億円の投資で2億円の利益が期待できるプロジェクトAから，6億円で9,000万円の予想利益のプロジェクトB，12億円で1億2,000万円の利益を期待するプロジェクトC，さらには5億円で4,000万円の利益期待のプロジェクトDや，4億円の投資で2,000万円

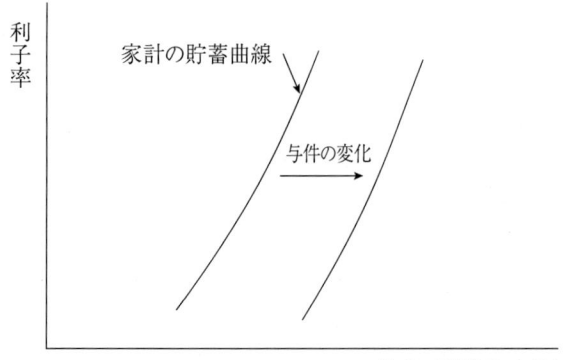

図2-1　資本供給

の利益を期待できるプロジェクトEまで多様な計画が存在し，その他のいくつかのプロジェクトの最後に，10億円で1,000万円の利益しか稼げないプロジェクトXがあるとしよう。

投資利益率は，プロジェクトAから順番に20％，15％，10％，8％，5％，そして，その他のいくつかのプロジェクトの最後に，1％の利益率しか稼げないプロジェクトXがある。縦軸に利益率，横軸に投資必要額をとって棒グ

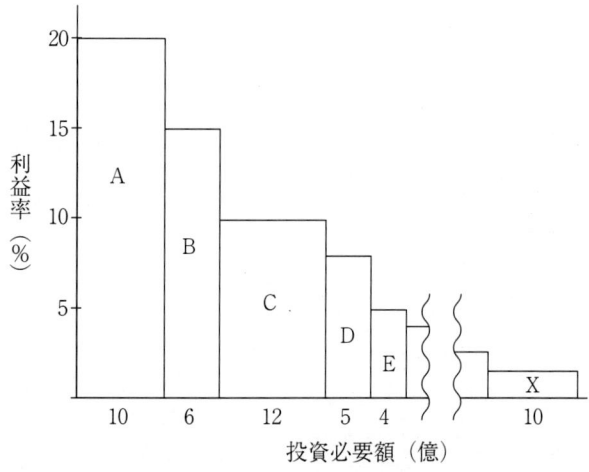

図2-2　プロジェクトの棒グラフ

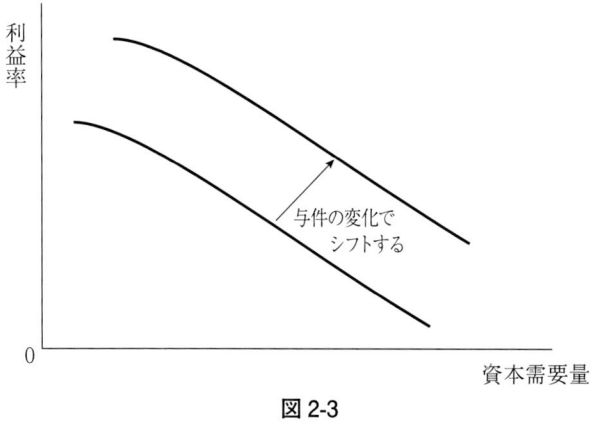

図 2-3

ラフを記してみる (図2-2)。A から X までのすべての投資計画を実施すると，100億円の投資資金が必要となり，棒グラフは右下がりになっている。利子率が20％を超えるような場合は，プロジェクトAしか実施できず，10％に下がると，プロジェクトAからCまでが実施可能になる。利子率が低下するにつれて，採算の取れる投資計画が増加し，企業の投資需要は高まる。10％の利子率では，それ以上の利益率を予想できる魅力的な投資計画しか採用できないが，1％の利子率では，採算のとれる投資計画は増加する。そのため，資本の需要曲線は右上がりの曲線となる。

社会全体では，多くの企業が多種多様なプロジェクトを計画している。そのため，高い利益率から低い利益率までの棒グラフが無数に集まり，棒グラフ間の段差がなくなり，右下がりのなだらかな曲線となる (図2-3)。新商品や新たな販売方法，人口の増加など，企業環境が変化し，利益率の予想が高まる事態になれば，資本の需要曲線は右方向にシフトする。

資本の供給曲線と需要曲線の均衡点で利子率が決まる (図2-4)。均衡利子率以上の利子率では，資本の供給が需要を上回り，供給した貨幣資本が利用されない。そのため，利子率の下げ圧力が働き，企業による貨幣資本の利用を促すことになる。反対に，均衡利子率よりも低い利子率であると，家計が供給する貨幣資本以上の需要が発生し，貨幣が不足することになる。利子率の上昇圧力

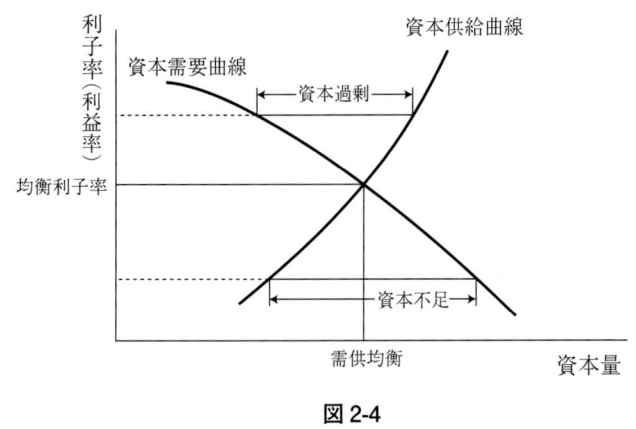

図 2-4

が働き，企業の資本需要を減少させることになる。均衡利子率は，需給の過不足が発生しない利子率である。

　貨幣資本の需給で決まる利子率は，時々刻々と変化する。その理由は，与件とされている状況が変化するためである。新しい技術が開発されると，関連企業は投資意欲を高める。規制が緩和されると，保護されていた産業の投資意欲は鈍るが，新規参入企業の投資意欲は高められる。景気悪化が伝えられると，財布の紐を締め，消費が控えられる。

　さまざまな情報が金融資本市場に伝えられるが，市場というのは個々の市場参加者の取引の場である。情報を取捨選択するのは，個々の市場参加者であり，それぞれが入手した情報に基づいて，それぞれの需給曲線を変化させることになる。したがって，情報が伝達されるたびに，市場全体の均衡価格（利子率）が，動くことになる。市場価格が動かないのは新たな情報が発生しないか，情報が伝達されない社会である。

　市場利子率は，各経済主体の行動基準となる。合理的な資本供給者は，市場利子率以下のプロジェクトに資本を供給しない。同様に，資本需要者は，市場利子率以下の投資計画を実施しない。正常利潤を獲得できる機会を諦めることは合理的ではないのである。市場利子率は，不要な投資を切り捨てる役割を担っていることになる。資本が希少であれば，無駄な投資を実行すべきではな

い。市場が求める将来の生産物に資源を振り向けねばならない。それは，社会にとって必要な仕事に希少資源を配分する市場メカニズムである。

しかしながら，ここで重要なことは，資本の需要と供給の双方とも，現在の情報を入手し，将来の予想に基づいて需給計画を立案している点である。とくに，企業は，顧客の需要を予測し，売上期待から投資計画を策定する。その投資計画の成否や利益率は，投資決定者に委ねられている。楽観的で強気の予想を行えば，資本需要曲線は右上にシフトし，悲観的で弱気の状況では，需要曲線は左下方にシフトする。その期待形成は，社会から独立したものではない。社会全体の雰囲気が楽観的な状況では強気の予想を立て，悲観的なムードは，弱気の意思決定に向かわせることになる。このように企業の投資計画は，将来に対する期待に依存しているため，きわめて不安定なものである。

(6) 資本コストの概念

市場競争は，選択を必要としている。市場参加者は，資源の有効利用のために情報を取捨選択し，最も有効な資源の利用先を探索している。経済学の機会費用 (opportunity cost) は，このような選択のための基準を提供する概念である。特定の投資先を選択すれば，他の投資先を諦めねばならない。1つの投資機会を選択すると，その他の投資機会で得られる利益を犠牲にすることになる。

たとえば，大学生が朝1時限目の授業に出席するときの機会費用を考えてみよう。選択肢は，「もう少し睡眠をとる」「アルバイトに行く」「友人に会う」などの代替的行動である。授業に出席することを決めれば，その他の代替的な選択肢は諦めねばならない。諦めた選択肢のなかで，最も犠牲が大きいと思われる代替案が機会費用になる。このとき，大学の授業料などは機会費用には無関係である。支払った授業料から1回分の費用を算出しても，意思決定には役立たない。なぜなら，授業料はすでに支払い済みであり，回収不能な埋没費用 (sunk cost) だからである。選択は，将来に対する意思決定であり，過去の意思決定とは切り離す必要がある。

投資の機会費用とは，選択されなかった投資機会のうちの，最高の利益率と定義される。あるプロジェクトへの投資決定は，他の投資機会で稼ぐことのできた最高の投資利益率を失うことになるからである。これが投資をする際に考慮すべき資本コスト（capital cost）である。したがって，資本コストは投資家にとっての必要最低利益率でもある。

　投資家は，利益率の高いプロジェクトから順番に投資を実施する。プロジェクトAを実施する場合には，プロジェクトBの利益率を最低必要利益率と考える。プロジェクトBを実施する場合には，プロジェクトCの利益率が資本コストとなる。しかしながら，プロジェクトは，その利益率が市場の利子率に等しくなるまで実施される。Aを実施しても，Bのプロジェクトが市場利子率以上であれば諦めない。市場利子率以上のすべての投資プロジェクトを実施するため，資本コストは市場利子率となる。

　市場が機能していれば，資本コストは正常利潤率を示している。正常利潤以上を稼ぐプロジェクトを諦めることは合理的ではない。投資計画の利益率が市場利子率を下回る場合は，たとえ資金に余裕があっても実施してはならない。他の企業が市場利子率以上で運用できるのであれば，他企業に資金を回すのが資源の有効利用である。これが余剰資金である。余剰資金とは，資本コストを下回る投資機会に対応した資金概念である。家計に返還するか，金融資本市場で運用することになる。資本コストを考慮した投資計画とは，資源の最適配分に役立つのである。

　しかしながら，市場利子率というのは，競争市場で決まるものであり，時々刻々と変化している。しかも，市場利子率はひとつではない。確実で摩擦のない世界では，競争により参入と退出が行われ，市場利子率はひとつの水準に決定する。しかし，現実のビジネスにはリスクが存在するため，リスクに応じた利子率が成立することになる。したがって，リスクのない利子率にリスクプレミアムを加えたものがプロジェクトごとの資本コストということになる。

　長期国債の利回りをリスクのない利子率と仮定すれば，社債や株式に期待される利回りは，すべてリスクプレミアムだけ高い値になる。消費者金融が高い

利子率なのは，返済の可能性が低い危険な貸付（投資）だからである。すべての事業にはリスクが存在するため，投資先を誤ると社会の貯蓄は大きく毀損する可能性がある。

　リスクに応じて投資を選択するのは，市場の役割である。リスクのないプロジェクトだけに投資しても社会の発展はむずかしい。しかし，リスクの高い事業に集中するのは危険である。金融資本市場は，利子率とリスクの評価をすることで，資源の配分を行っているのである。

(7)　会計上の利益と資本コスト

　具体的な事例で機会費用の理解を深めよう。脱サラをして喫茶店を開業する計画を策定しているとしよう。相続で得た300坪の土地が東京駅至近にある。ここに喫茶店を建設する予定でいる。現在時点で1,500万円の貯金がある。借金はせず，貯金のすべてを開店資金に投資するつもりでいる。

　サラリーマン時代の年収は800万円であり，比較的高収入を得ていた。他方，喫茶店の年間売上予想は3,600万円である。根拠は，1杯600円のコーヒーで1日200人の顧客を予想，月25日の営業で12カ月間開店する。コーヒー1杯の原価を100円と仮定すると売上原価は600万円である。人件費は1,200万円とする。従業員の給与が400万円，店主である自らの給与はサラリーマン時代と同じ800万円である。その他の経費300万円を加えて，販売費および一般管理費を1,500万円とすれば，営業利益は1,500万円となる。支払利息等が発生しないため，税引前純利益1,500万円が予想される。法人税や所得税を無視すれば，給与800万円と税引前純利益1,500万円の合計2,300万円が喫茶店の予想所得である。

　合理的な経済人としての意思決定は，機会費用を考慮することである。サラリーマンを続けることで得られる所得と喫茶店を開店することで得られる所得を比較しなければならない。もちろん，代替案が他にある場合には，すべてを比較する必要がある。サラリーマンを継続する場合，給与所得800万円が基準

となる。これに比べると喫茶店の開業は、はるかに高所得である。

　各生産要素の機会費用を考えてみよう。労働の機会費用800万円は考慮済みである。最低800万円のサラリーマンの給与を失う代わりに、店主として800万円の給与を確保した。現金預金を投資する際の機会費用は、1,500万円の預金利息である。利子率が2%であれば30万円の利息を諦めて喫茶店を開業したことになる。1,500万円の利益は30万円を犠牲にするのに十分すぎる金額である。しかしながら、考慮すべき機会費用は他にもある。

　無償で相続した300坪の土地は、不動産会社に委託することで年間3,600万円の所得を生み出すとしよう。賃貸マンションか駐車場の収入である。サラリーマンを継続すると、サラリーマンの給与800万円と預金利息30万円、それに不動産収入3,600万円を受け取ることが期待される。これが喫茶店を開業する際に考慮すべき機会費用である。喫茶店の開業は、4,430万円を諦めて、2,300万円を得るという意思決定なのである。

　現在所有している生産要素は、有償、無償にかかわらず、その利用方法により機会費用を見積もらねばならない。土地を購入して喫茶店を開業する場合を考えてみよう。購入資金が7億2,000万円とする。購入するための資本コスト5%（年3,600万円）が必要であれば、喫茶店の開業は不合理な意思決定ということになる。

(8) 貯蓄を投資に向ける仕組み

　資本の評価は、将来のキャッシュフローの評価であるため、個々の貯蓄主体により異なるのが当然である。自分の貯蓄を本人が投資する場合は問題ない。しかし、他人の貯蓄を調達し、投資する場合には双方の思惑が一致しなければならない。貯蓄主体は、資本の運用目的やその方法を吟味し、将来キャッシュフローの予想を行い、資本を供給する。そのため、予想キャッシュフローが実現されない時など、両者の間で利害の不一致が生じる。この不一致を最小化するための制度設計は、市場や企業に関する法や諸規制を必要としている。

しかしながら，貯蓄主体と投資主体の分離には大きなメリットがある。貯蓄をもつ資金余剰主体が，投資機会を有しているとは限らない。投資機会を発見しても，実際にビジネスをするか否かは別である。他方，投資機会を有し，これを実施することを切望する投資主体が資金余剰者であるとは限らない。投資主体は，自らの貯蓄に制約されることなく，資本調達の可能性を拡げることで，資本の価値を高めることが可能である。資本の制約のために実現できない魅力的ビジネスが誕生し，社会発展に貢献できる。金融資本市場を整備することで，余剰資金が投資に向かい，埋もれてしまう投資が開花できるのである。

市場機能が整備されれば，貯蓄主体は，余剰資金の運用先を探すコストを低下でき，投資主体は，資本の調達先を探すコストを低下できる。資本の取引コストが削減されるのである。いかに魅力的な投資機会を有していても，資本調達のコストが高ければ諦めねばならない。取引コストの削減は，資本供給と調達を容易にすることを通じて，社会全体の資本価値を高めることになる。将来キャッシュフローの期待できるビジネスに資本が集まり，期待できないビジネスから資本を撤退させることが容易になるからである。

貯蓄主体と投資主体の分離は，所有と経営の分離でもある。企業の所有者と企業の経営意思決定者の分離である。これは，経営資源の所有者を細分化し，分業を効率化する。資本という経営資源を所有する主体は，必ずしも経営能力を有するとは限らない。経営能力を有する経営者が資本を運用することで，将来キャッシュフローの期待は膨らみ，資本の価値を高めることになる。

それゆえ，資本価値を最大化するために，貯蓄主体と投資主体の分離によるメリットを最大化し，その弊害を最小化するような制度設計が必要なのである。

(9) 証券化と資本

金融資本市場の機能の本質は，資源の配分である。利益率の高い投資機会を見つけ出し，希少な資源の使用権を与える。タイムレスな社会では，金融資本市場が存在せず，財・サービス市場の価格メカニズムが資源配分のシグナルと

なる。価格は，製品の機能や質，デザインの良し悪し，経営戦略や経営者のミッションや理念さえも織り込む。価格の高低は，資源を使用する権利の大きさを示す。しかし，財・サービス市場は，現在の資源の使い方を評価するが，将来の資源に関しては評価できない。金融資本市場は，将来の資源配分機能を担う。その視点は，財・サービス市場と同じであるが，将来にわたる視野を有している。そのために，時間とリスクを評価する市場となる。それは，組織内の資源配分の在り方さえも問題にする。

　証券市場の整備は，こうした金融資本市場における取引コストをさらに引き下げる。将来キャッシュフローを受け取る権利は，多数の証券に分割され，その証券価値の合計が企業資本の価値を表す。企業価値は多数の証券に分割されるため，売買単価が下がり，多数の投資家の投資対象になる。事業開始前から参入（投資）することができ，資源の進むべき方向が示される。撤退すべき事業の証券は，事業が継続しているにもかかわらず売却され現金化される。事業は継続しつつ，投資家は即座に撤退し，新たな魅力的な事業に投資できるのである。投資家の利潤・損失は，証券の売買を通じて清算されることになる。

　証券化されていない場合，資本供給者は，貨幣資本が生産資本や商品資本の形態で運用され，再び貨幣資本として回収されるまで待たねばならない。回収期間の長期化は，資本供給を躊躇させる要因になる。しかし，証券売買は，資本供給と回収が容易で，流動性の犠牲は大幅に小さくなる。証券化により，貯蓄は，投資に向かいやすくなり，資本の価値を高めることに貢献する。

　証券化は，分散投資によるリスクの削減効果がある。所得源泉をひとつのビジネスに集中させると，投資家の所得は，個々のビジネスの所得変動に影響される。当然，リスクの高いビジネスへの投資は躊躇されるが，多数のビジネスに分散投資することでリスクは相殺され，削減される。証券化の有無にかかわらず，われわれは無意識的に分散投資をしている。財産のすべてを1銘柄の株式に集中投資する人はいない。銀行預金をもち，貴金属や家具，そして土地や家を所有して，分散投資を実施している。しかし，証券化が進展すれば，分散投資が容易になり，そのコストが激減する。その結果，資本調達が困難なリス

クの高い事業にも資本が供給され，社会全体の資本価値を高めることになる。

　資本価値の増加に加えて，その評価の質も変化する。証券市場を含めた金融資本市場の整備は，資源配分の機能を高めることになる。市場参加者が増え，活発な売買が行われることは，不特定多数の投資家が多様な資源配分の情報を評価し，これを瞬時に市場に伝達することを意味する。貯蓄と投資主体が一体の場合には，主観的な予想で投資機会が評価される。相対取引(あいたい)では，投資機会に対する評価は，資本供給者と需要者の交渉過程で決められる。そして，証券市場では，多数の投資家が証券の売買を通じて投資機会を相対的に評価することになる。証券売買は，客観的な市場評価となる。

　証券アナリストや格付け機関など，多くの専門家が登場し，経営者には自らの投資戦略に対する説明責任が付加される。不特定多数の投資家の貯蓄を活用する以上，企業は社会的公器とみなされ，企業資本は，社会的視点により評価されることになる。

　将来キャッシュフローの予想に基づく証券化は，多様な金融商品を作り出す。特定のビジネスや特定のキャッシュフロー源泉に縛られることなく，多様な証券を組み合わせることで，新たなキャッシュフローを組成することができる。ビジネスと直接的な対応関係がない証券が作り出されるのである。金融派生商品である。この商品開発は，メーカーの製品開発とは異なり，無限の組み合わせをもつため，簡単に作り出せる。

　しかし，この新たな資本は，従来型の市場評価を困難にする。特定のビジネスを予想するのではなく，複雑にブレンドされたキャッシュフローの束を予想しなければならないためである。その中身は，ブラックボックスのようなものであり，一般の市場参加者には判断できない。そのため，実体の価値を乖離しても，市場がその本質を評価するには時間がかかり，大きな市場の失敗をもたらす可能性がある。市場がその機能を発揮するには，そこで取引される商品をチェックできねば意味がない。市場に対する諸規制は，資本の価値を見出すために不可欠なのである。

注

i) Cf., David Parker & Richard Stead（1991），pp.42-6. アダム・スミスは，企業家の役割を重視し，生産要素の結合に関してイノベーションの関連を述べている（しかしながら，スミスは革新の効果を意識しつつ，この企業者機能の理論的な研究は無視したという解釈もある。Robert F. Hebert & Albert N. Link（1982），邦訳（1984）pp.64-9）。リカードは企業家＝資本供給者としてのみ捉え，企業家精神などは無視した。ナイトは，利潤と企業が市場経済に存在する不確実性にかかわっているという考え方をとる。セイは，企業家精神は不確実性の存在のみならず，ビジネスや世界に関する特別な知識や判断力，忍耐力のなかに重要な特徴があるとした。彼は，資本供給と企業力の提供を区別し，結果として利子と利潤の区別を重要視した。

ii) Marshall, A.（1925）

iii) Keynes, J. M.（1936）

iv) Schumpeter, J. A.（1926）

v) Knight, F. H.（1921）

vi) Kirzner, I. M.（1979）

vii) ① 不確実性と結びついた危険負担者，② 金融資本の供給者，③ 革新者，④ 意思決定者，⑤ 産業の指導者，⑥ 管理者あるいは監督者，⑦ 経済資源の組織者あるいは調整者，⑧ 企業の所有者，⑨ 生産要素の雇用者，⑩ 請負人，⑪ 鞘取り業者，⑫ 選択可能な複数の用途に資源を配分する者（R. F. Hebert & Albert N. Link（1982），邦訳（1984）pp.182-6.）

viii) 所得を生み出さない活動は，社会的には無駄な活動とみなされる。NPOなどの活動も，社会的に有用な活動とみなされる限り，所得が生み出されている。市場が成立しない政府の活動と同じである。

ix) 前掲訳書，pp.182-183

x) ここでの利潤は，株主の富の増加を意味する。

xi) 事業期間中に発生する所得がすべて事業期間中の資源提供者に支払われるのであれば価値として認識されない。価値は資源がストック化され，将来のキャッシュフローを稼ぐことが期待されるときに認識される。このキャッシュフローの帰属先は，株主および債権者である。

xii) 資本需要に関しては，資本の物的限界生産力逓減の法則とのかかわりで説明することがある。この場合には，他の生産要素を固定した議論であるが，ここではフィッシャーやケインズの資本の限界効率表を念頭に置く。すなわち，すべての生産要素を可変的に捉え，純粋に魅力的な投資機会が逓減するという考え方である。

第3章　資本資産評価の一般原理

(1)　将来を評価する資本価値

　第1章で資本の概念を論じ，第2章では，利子と利潤の関係を考察した。ここまでに理解されたことは，資本の価値が，将来キャッシュフロー（利子）で決まるということである。より正確な表現にすれば，資本価値は，将来キャッシュフローの現在価値計算により測定される。この原理は，土地やマンションなどの不動産，企業が所有する事業用資産，そして国債や社債，株式などの金融資産に適用される一般原理である。

　すべての資本は，将来キャッシュフローを期待されるときに価値をもつ。換言すれば，将来キャッシュフローが期待できなければ，資本として認められない。巨額の投資をしても，大規模な工場や設備を有していても，将来のキャッシュフローが期待できねば価値はない。資本資産の取得価額や過去に稼得したキャッシュフローの多寡に関係なく，将来のキャッシュフローがすべての価値基準となる。

　取得した土地価額と無関係に，将来の地代収入を期待できねば不動産価値はない。マンションの建設費やこれまでの家賃収入ではなく，将来の家賃収入により現在の価値が評価される。ホテルは，将来の宿泊客が支払う宿泊費や飲食費を期待して価値が評価される。いずれも，過去とは無縁である。

　土壌汚染が発覚すると，土地の評価は下がる。その理由は，土壌を改善するコストの負担などで，予想される将来キャッシュフローが減るためである。公共交通機関の廃止や人口減少，あるいは主要産業の衰退などで，将来の地代収入は減少が予想される。過去に栄えた繁華街も，商店街が稼ぐ将来キャッシュフローが期待できなければ，商店街の土地は魅力がなくなり，その価値を下落

させる。反対に，新線の開通や駅，学校，病院などの新設が将来の地代収入を期待させれば土地の資産価値は高くなる。マンションやホテルも，その現在の価値は，過去に実現した収入とは無関係であり，過去に支払われた資金額や資産の取得価額も関係ない。資本資産の価値は，将来キャッシュフローによって決まるのである。

　事業活動を行う企業資本の評価原理も同様である。企業が稼ぎ出す将来キャッシュフローが，資本の価値を決定する。生産される財やサービスの売れ行きが期待されなければ，これを製造する工場や販売する店舗の価値は下落する。工場設備などの事業用資産や従業員が同一であっても，魅力的な商品を開発し，将来キャッシュフローが増加すると期待されれば，企業価値は高くなる。

　しかし，予想されたキャッシュフローの実現可能性が低下すれば，膨れ上がった期待はしぼみ，企業価値は低下する。現在所有する経営資源が同一でも，投資家の予想する将来キャッシュフローの増減により企業価値が変化するのである。株式の価値が，企業の事業資産を評価するものであれば，その評価原理は同じである。

　そもそも資産は，将来の消費活動のために準備されたストックである。資産価値が高いのは，その資産が生産する財やサービスに魅力があり，消費者の効用を高める期待からである。魅力的な財・サービスを生産する準備は重要であり，価値のある仕事であるが，不必要な財・サービスを生産する準備は，無駄な活動である。そのため，資産価格は，魅力的な生産活動に資源を供給し，無駄な生産活動から資源を取り上げる資源配分のシグナルとなる。このシグナルを発信するのは，株式市場を含めた金融資本市場である。

　金融資本市場は，何が将来消費のために準備されねばならないかを模索する場を提供する。資源配分の機能が必要となるのは，資本資産の価値が絶対的ではないためである。市場で決定した企業の価値は，時々刻々と変化する。それは，将来が確かなものではなく，さまざまな環境条件が変化するためである。市場は，常に過去を清算し，資源の配分をやり直しているのである。

　将来キャッシュフローの予想は，将来の財・サービスの価値を予想すること

であり，それは将来の社会，すなわち，人々の暮らし方を予想することになる。この予想は，消費者に代わり，多くの投資家が行っている。現在の財・サービスも，将来にわたり販売され，キャッシュフローを稼ぐ限り評価対象となる。将来の社会デザインから，現在の企業の研究開発動向などを評価し，いまだ実態のない商品を期待して，将来の売上を予想する。

　売上は，さまざまな影響で変化する。景気動向や人々の嗜好，競合企業の商品の質や価格，競合関係にないその他の商品の売上など，ありとあらゆる条件で決まる相対的な値である。達成された売上は，さまざまなステークホルダーに分配され，そのうちのひとつが資本家の所得となる。売上予測の困難性は，将来キャッシュフローの予想困難性であり，そのことが，企業資本の評価を絶えず修正させ，改訂を余儀なくする原因なのである。それは市場の役割でもある。

　このような議論は，その詳細を第8章のキャッシュフロー予測で扱うこととする。本章では，第一次接近として，キャッシュフローの不確実性を無視した議論からはじめる。それは，予想される環境を所与とした上で，将来と現在の間に介在する時間の問題に焦点を当てることになる。時間の問題を扱った後に，時間が介在することで生じる環境変化とリスクに関して若干解説を加え，市場の役割や限界について触れることにする。

(2)　時間価値

　資本が時間にかかわる概念であることは，すでに説明した。利子を生む資本の役割は，生産活動という時間を伴うことになる。生産活動の時間を待つことで，将来キャッシュフローの増加が期待できる。株主や債権者の所得となるキャッシュフローは，投資家の消費に充当されることもあるし，貯蓄資金となることもある。貯蓄を選択する場合，投資家は機会費用を考慮する。超過利潤を見出せなければ，投資家の機会費用は市場利子率である。確実な世界を想定すれば，投資家の貯蓄は金融資産の取引として瞬時に均衡利子率を成立させる。それは，一定の将来キャッシュフローを前提に，金融資産の価格を決定するこ

ーとと同義である。高い資産価格を成立させるときは，低い利子率の決定であり，低い資産価格は高い利子率となる。これは，同時決定である。

同時決定の意味はきわめて重要である。利子率が先に決まり，利子率から資産価値を計算するのではない。資産価格の決定が先行し，その結果として利子率が決まるというものでもない。特定の資本資産を取り上げて，「その利回りが高くなることで，資産価格が低下する」という言い方や，「資産価格の上昇によって，利回りが低下する」というような因果関係は含まれない。市場の平均的な利子率や資本資産価値と比較して，その相対的な価値が決まることになる。

取引コストを無視できれば，銀行という金融機関の存在意義はないのだが，このとき，預金利子率も貸出金利も金融資産の市場価格に倣って決定される。市場の投資家にとって，時間価値は共有され，投資家の機会費用となる。すなわち，同じ1時間で稼ぐことのできる利益率は，市場利子率が基準とされる。競争が終焉した市場では，超過利潤の機会が存在しないため，投資家は市場利子率を最高の利益率と考え，同時に最低の利益率とみなすことになる。

以上の議論を前提に，複利計算と現在価値計算を説明する。この時間価値の計算は，ファイナンシャル・マネジメントの基礎であり基本原理である[i]。

1）2時点の時間価値比較

資本資産の評価は，将来キャッシュフローの現在価値計算である。将来キャッシュフローを獲得できれば，形の有無にかかわらず，これを現在価値に還元することで資本として評価される。以下では，初学者を前提に，複利計算と現在価値計算を説明する。

現在の100万円は，市場利子率が10％という水準で均衡していれば，以下の式のように，元本の100万円に1年間の利息10万円を加えて，1年後には元本と利息の合計（元利合計）は110万円になる。

$$100万円 + 100万円 \times 0.1$$
$$= 100万円 (1 + 0.1)$$
$$= 110万円 \qquad ①$$

投資家は，1年間に10％の利益率を期待しており，最低限稼ぐべきと考えている。この投資家の機会費用を前提とすれば，100万円は1年後に110万円になることが期待されている。この10％は投資家の報酬であり，資本コストとして説明済みのものである。現在の貨幣資本は，利子所得を伴った将来の貨幣資本と同等の価値をもつことになり，現在の貨幣価値＞将来の貨幣価値という関係が成立する。

　確実な世界では，現在の100万円は，1年後に110万円になる。現在100万円を有する投資家は，誰でも1年後に110万円にする機会を有している。したがって，現在の100万円は，1年後の110万円と等価になる。この貨幣価値の計算を逆転させると，1年後の110万円は現在100万円になる。これは，以下のような現在価値計算である。110万円は，利子率10％で割引かれ，100万円の現在価値に資本還元される。

$$\frac{110万円}{(1+0.1)} = 100万円 \qquad ②$$

　生産期間が1年ではなく，2年を要する生産活動も基本原理は同じである。当該プロジェクトが2年間の生産期間を必要としても，その他の投資機会は1年間に10％の利益を稼いでいる。100万円を投資して，2年間で110万円にすることができても，投資家は満足しない。他の投資機会は1年で100万円が110万円になり，2年目の期首に，この110万円を元本として，その他の投資機会等に再投資すれば，やはり10％の利益を稼ぎ，2年目期末には121万円になる。したがって，2年間に10万円の利益では，10％の利益率にはならない。2年間で21万円の利益を稼がなければ，10％の利益率に達しないのである。

　利益率は，時間を明示しなければ測定できない。資本コストが10％であるということは，1年単位で10％の利益を期待しているのである。2年目は，1年目に稼いだ利子の10万円も生産活動に投資され，1万円の利子を稼ぐことになる。利子が利子を生む複利計算である。100万円が2年間にわたり利子率10％で複利計算されると，以下のように121万円になる。

$$100万円(1+0.1) = 110万円（1年目末の元利合計）$$

$$110 \text{万円} (1+0.1) = 121 \text{万円（2年目末の元利合計）}$$

この2式をまとめると，以下のようになる。

$$100 \text{万円} (1+0.1)^2 = 121 \text{万円} \qquad ③$$

年間の資本コストが10％であれば，100万円の3年後の元利合計は，以下に示すように133.1万円となる。

$$100 \text{万円} (1+0.1)^3 = 133.1 \text{万円} \qquad ④$$

現在100万円を投資することで，投資家は3年後に133.1万円を取得できる。3年後の133.1万円の価値は，現在の100万円と等価ということである[ii]。

2年後の121万円も，3年後の133.1万円も，10％の市場利子率で割り引き，その現在価値は以下のように100万円になる。

$$\frac{121 \text{万円}}{(1+0.1)^2} = 100 \text{万円} \qquad ⑤$$

$$\frac{133.1 \text{万円}}{(1+0.1)^3} = 100 \text{万円} \qquad ⑥$$

2年後に121万円を受け取る投資機会と，3年後に133.1万円を受け取る投資機会は，その将来の取得金額が異なるにもかかわらず，いずれも，100万円の現在価値である。2年目に121万円を取得すれば，これを10％の利益率で再投資することで3年目の期末に133.1万円を獲得できるためである。投資機会が同じである以上，両者の現在価値に差は生まれない。これが貨幣の時間価値である。現在価値をV，割引率（資本コスト）をk，n年後のキャッシュフローをCF_nとすれば，2時点間の貨幣価値の比較は下記のように記すことができる。

$$V = \frac{CF_n}{(1+k)^n} \qquad ⑦$$

この時間比較は，点投入・点産出の資本価値の算出である。点投入というのは，ある特定の時点で投資を行うことであり，点算出は，その成果であるキャッシュフローが，一定期間後のある時点で獲得されることを想定する。つまり，支出と収入のいずれもが特定時点で発生するモデルである。貨幣資本が生産資本に変換され，商品資本を生産し，これを販売して，より多くの貨幣資

本を回収する。この貨幣資本→生産資本→商品資本→貨幣資本という資本の回転運動が早ければ早いほど多くの利子を生むことになる。

　ワインの醸造モデルは，点投入・点産出のモデルに適している。ブドウの品種や産地，収穫年度，醸造法などにより異なるが，その他の条件を一定とすると，熟成期間の長さにより価値を高くするワインがある。樽詰されたワインが時間の関数として価値を増加させるモデルである。実際には，熟成の期間も温度管理などのコストをかけているが，基本的には原料のブドウの買い付けと樽詰までのコストを点投入とし，樽から瓶詰めして販売する時点を点産出として，2時点の投資効果を分析し，現在時点の資本価値を導くことになる。

2) 継続的な時間の流れにおける現在価値

　連続的な生産活動を行う企業では2時点間の貨幣資本を比較するだけでなく，連続的なキャッシュフローを比較することになる。生産の準備期間が長ければ，支出の現在価値を計算しなければならない。連続投入・連続産出は，一般的な企業のモデルである。企業の資本運動は，貨幣資本→生産資本→商品資本→貨幣資本という単線運動ではない。貨幣資本を調達している時点でも，商品を生産し，販売している。生産活動中には，商品の在庫も現金預金も存在する。企業は，資本運動を繰り返すが，ある時点では貨幣資本と生産資本，そして商品資本が併存しているのである。しかし，ここでは投資支出が1時点で完了し，収入のキャッシュフローが連続的に発生するモデルを想定する。点投入・連続産出のモデルである。これはファイナンスにおける投資の一般的モデルである。

　n年間の活動を期待するプロジェクトの資本価値Vは，n年間の事業期間にわたるキャッシュフローを期待する。事業活動は，昼夜の区別や祝祭日の休業期間はあるが，基本的には連続的なキャッシュフローの収支として捉えられる。毎日の事業活動は，キャッシュの支出と収入が繰り返されているのである。ここでは単純化を目的に，各年度末にキャッシュフローをもたらす離散型モデルを仮定する[iii]。これは以下のように示される。

$$V = \sum_{t=1}^{n} \frac{CF_t}{(1+k)^t} = \frac{CF_1}{(1+k)} + \frac{CF_2}{(1+k)^2} + \cdots + \frac{CF_n}{(1+k)^n} \quad \text{⑧}$$

ここで CF_t は，t 期のキャッシュフローである。たとえば，3年間の期限付き事業を評価するとしよう。現時点で，1年目に100万円，2年目に100万円，そして3年目に100万円のキャッシュフローが予想されている。ここでも確実なキャッシュフローを想定する。資本コストを8％と仮定すると，この事業は以下のような現在価値計算により約257.7万円と評価される。

$$V = \sum_{t=1}^{3} \frac{100\,万円}{(1+0.08)^t} = \frac{100\,万円}{(1+0.08)} + \frac{100\,万円}{(1+0.08)^2} + \frac{100\,万円}{(1+0.08)^3}$$

$$= 257.7\,万円 \quad \text{⑨}$$

⑧式の資本価値評価モデルでは，将来キャッシュフローが独立変数とされ，将来キャッシュフローの値が与えられた上で，従属変数である企業の資本価値が計算される。キャッシュフローの測定や評価方法は不問にされており，価値を計算するための材料として準備されていることになっている。

分子のキャッシュフローが，将来にわたり一定の値 CF で，無限に永続することが仮定されると，資本評価モデルは次のような単純な式となる。

$$V = \sum_{t=1}^{\infty} \frac{CF}{(1+k)^t} = \frac{CF}{k} \quad \text{⑩}$$

毎年100万円の現金収入を永続的に受け取ることのできる金融商品の価値を算出してみよう。資本コストが10％であれば，1000万円の価値になる。毎年のキャッシュフローが50万円であれば500万円，200万円であれば2000万円の価値となる。また，資本コストが5％であれば，100万円の永続的キャッシュフローの現在価値は2000万円，資本コストが20％の時には500万円となる。

単純化された式は，企業の資本価値とキャッシュフロー，そして資本コストの関係を理解するのに役立つ。分子のキャッシュフローが大きければ資本価値は高く，分母の資本コストが高ければ，資本価値は低い。キャッシュフローが独立変数であるため，V と k は反対に動く関係にある。

しかし，キャッシュフローの予想が一定であるとしても，V や k は変化す

る。他の投資機会に比較して，相対的にキャッシュフローが少なければ V は低下する。代替的投資機会に比較して，投資利益率が低ければ V は低下する。キャッシュフローを所与とした場合の V の低下は，k の上昇でもある。市場全体の投資利益率が上昇しているため，相対的に企業の資本価値が下落するのである。

(3) 株式および債券価格

　株式価格や債券価格も，資本資産の一般的評価モデルが適応される。株価は，株主に帰属する将来キャッシュフロー，すなわち配当流列 D を現在価値に割り引いた値である。もちろん，個々の投資家が現在価値計算をするか否かは別である。実際，多くの投資家は，自らが現在価値の計算をしているとは思わない。

　株価や債券価格は，市場の需給で決まる。需要者と供給者が1対1であれば，相対（あいたい）の交渉により現在と将来のキャッシュフローの交換比率を決める。この交渉は，投資家が意識するか否かにかかわらず，キャッシュフローの時間価値を比較考量する過程である。市場が存在する場合，多数の投資家による需給で決まる。投資家は，現在の株価や債券価格が将来キャッシュフローの現在価値と比較して割安であるか，少なくとも同等であると考えるときに購入する。

　他方，株や債券を売却する投資家は，現在の株価や債券価格が将来キャッシュフローの現在価値よりも割高か，少なくとも同等であると考えるときに売却する。株価や債券価格は，こうした投資家の需給一致により成立するため，多くの市場参加者の客観的予想を反映した金融資産の価格である。

　重力や空気抵抗を計算して野球やサッカーをしないのと同じように，投資家は無意識的に市場取引のなかで現在価値計算に準拠した行動をとる。上手い（うまい）プレイヤーは，計算して結果を出すものではない。下手（へた）なプレイヤーが複雑な計算をしても，良好な結果を出せるわけではない。しかし，そこには標準的な動作や理想的なプレーがある。優秀なプレイヤーは，状況に応じて，良好な結果が出るような行動を選択するのである。理論的モデルでは，株式や債券の価値

が現在価値計算であることを説明するが，投資家のプレー結果は千差万別である。

　企業の事業活動から生み出される投資家へのキャッシュフローは，債権者を優先し，残余があれば株主に分配される。債権者へのキャッシュフローは約定利息と償還される元本である。債権者へのキャッシュフローが確保されなければ，株主へのキャッシュフローはゼロとなる。将来配当が期待できない事態に陥れば，株式価値はゼロになる。債権者への支払いが可能であれば，企業価値は債権価値だけ維持され，債権者への支払いが滞れば，企業は倒産する可能性を有し，企業価値がゼロに近づく。

　現在の株価を S_0，t 期の配当を D_t，株主による配当流列の割引率を k_s（株主資本コスト）とすれば，以下のように示すことができる。

$$S_0 = \sum_{t=1}^{\infty} \frac{D_t}{(1+k_s)^t} = \frac{D_1}{(1+k_s)} + \frac{D_2}{(1+k_s)^2} + \frac{D_3}{(1+k_s)^3} + \cdots \quad ⑪$$

　企業はゴーイングコンサーンであるため，配当流列は無限に続くことが仮定されている。この式は，配当還元モデルとよばれる。配当還元モデルは，1期間の所有を前提としたモデルに書き換えることができる。この式では，現在の株価は，期末の期待配当金 D_1 と期末の期待株価 S_1 を株主資本コスト k_s で資本還元した値になる。

$$S_0 = \frac{D_1}{(1+k_s)} + \frac{S_1}{(1+k_s)} \quad ⑫$$

　期末の株価 S_1 は，第1期末以降の配当流列を割り引いたものであり，以下のように示される。

$$S_1 = \sum_{t=2}^{\infty} \frac{D_t}{(1+k_s)^{t-1}} = \frac{D_2}{(1+k_s)} + \frac{D_3}{(1+k_s)^2} + \frac{D_4}{(1+k_s)^3} + \cdots \quad ⑬$$

　⑬式を⑫式に代入すれば，1期間モデルは配当還元モデルと同じになる。2期間所有する場合も，3期間所有する場合も同様の考え方をすればよい。

　株式価格と債券価格のモデルの相違は，一般的な債券が償還期限を有しており，各期の支払いも約定された一定額であるということである。債券価格を

B_0，各期の利息をL_i，償還される元本をP，期間をn，債券に投資する資本コスト（負債コスト）をiとすれば，以下のように示すことができる。

$$B_0 = \sum_{t=1}^{n} \frac{L_i}{(1+i)^t} + \frac{P}{(1+i)^n}$$

$$= \frac{L_i}{(1+i)} + \frac{L_i}{(1+i_s)^2} + \cdots + \frac{L_i}{(1+i)^n} + \frac{P}{(1+i)^n} \quad ⑭$$

株式価格のモデルも，債券価格のモデルも，過去の利息支払いや，過去の報告利益，配当金，あるいは過去の債券価格や株価と無縁である。いかに購入価格が高くとも，将来キャッシュフローが期待されねば，債券価格も株価も下落する。資産の一般原理にあるように，将来に受け取るキャッシュフローと割引率が現在の金融資産の価値を決めるのである。

しかし，既述のように，モデルの諸変数は同時決定であり，循環論法的な説明になる。将来キャッシュフローが予想され，これを資本コストで割り引くことで価格が導出されるという説明は，投資家が資本資産を評価する際の「規範的計算」を示しているに過ぎない。当然のごとく，この投資家行動を実証することはできない。資産価格が成立しているとき，キャッシュフローの値と資本コストは推定でしかない。「資本コストの求め方」を問うとすれば，将来キャッシュフローの予想に対して，現在時点で成立する資産価格を知らねばならない。⑫式を株主資本コストksについて解くと，次のようになる。

$$k_s = \frac{D_1}{S_0} + \frac{S_1 - S_0}{S_0} \quad ⑮$$

株主資本コストは，株主に帰属する将来キャッシュフローの割引率であり，株主が期待する最低必要利益率である。それは，期末の期待配当利回りと期待値上り率（キャピタルゲイン）であり，リスクのない市場利子率とリスクプレミアムから構成されるが，この式をみるかぎり，現在の株価と期末の配当金および期末の株価データがなければ測定できない。資本コストの測定は，現在の株価が前提となる。市場が予想する将来キャッシュフローを知るためには，同じように資本コストと現在成立する資産価格から推定せざるをえない。明らか

に，循環論法である。資産価格と将来キャッシュフロー，そして割引率の3つの関係を理解しておかねば，資産評価モデルの実践上の限界が理解できない。

(4) 資本価値の相対性

特定企業の将来キャッシュフローは，市場のあらゆる財・サービスに対する相対的な関係のなかで決まる。所得や人口，嗜好，技術，他の財・サービスの価格や質，自然条件，為替レートなど，さまざまな条件が変化することで，将来キャッシュフローの予想は変化する。ここでは，市場の利子率を中心に，改めて資本価値の相対性を考察しよう。

豊かな社会では消費を延期することが容易である。所得のなかから十分に消費しても，貯蓄できる。所得に対する貯蓄が多い（少ない）ということは消費が相対的に少ない（多い）ことと同義である。貯蓄が多い（金余り）状態では，これを必要とする企業への出資や貸出しに潤沢な資金が利用できる。不動産や絵画などへも資金が回る。企業は，期待される売上が小さく，将来キャッシュフローの期待が少なくとも，資金を調達できることになる。所得に対する消費の割合が小さい（大きい）状況は，相対的に利子率が低い（高い）状況を意味する。低い（高い）利子率を⑩式に代入すれば，資産価値は高く（低く）なる。

社会の消費期待が高まれば，企業は新たな事業を計画し，工場や店舗に投資する。企業の投資需要が旺盛になり，投資のための現金が需要される。金融資産の需要が減少して，資産価格の低下と利子率の上昇となる。逆に，消費期待が低下すれば，投資計画を見直し，延期や中止により資金需要が減少する。金融資産の価格上昇と利子率の低下となる。

資産価値は，将来キャッシュフローに変化がなくとも変化する。日本の国債は，約定利息が確実視できる無リスク資産とみなすことができる。しかし，その利回りは，時々刻々と変化する。市場で成立する利子率の上昇は，既存の資産価値の相対的な低下であり，利子率の下落は，既存資産の価値が相対的に高くなることを意味する。個々の資産評価は，それ自身の価値として独立に決定

するのではなく，その他のすべての資産との相対的な関係のなかで決定するのである。

　投資家は，財産価値を高める目的で特定の銘柄（企業）の株式や債券を購入するが，投資対象の企業の成果にかかわらず，市場全般の動向で株式や債券価格が変動することになる。特定企業の将来キャッシュフローが増加すると予想されても，競合企業の将来キャッシュフローやその他の市場の全体的な動向によって，相対的に価値が変化する。そのため，将来キャッシュフローの予想が下回る場合でも，市場動向によっては価値を上げることさえある。

　利子率と資産価格が時々刻々と変化するということは，企業の資本コストが，ある特定の時点で測定されるものであり，その限定的な意味を知らねばらない。これらの問題は次に説明するリスクの問題にも共通する。

(5)　リスクの評価

　現在のキャッシュフローを供給する投資家は，現在の消費を延期しなければならない。利子には，この消費の延期に対する耐忍の報酬（時間選好）が含まれる。しかし，投資家が要求する報酬は，消費を延期することに対する報酬だけではない。時間の経過は，リスクを生じる。収入と支出が同時に発生するようなビジネスにリスクはないが，一般的ビジネスは，支出が先行し，事業の活動期間の後に収入が実現する。投資段階では，将来のキャッシュフローを期待して，現在の支出を決定する。将来キャッシュフローの予想は実現するとは限らず，その可能性の大小によりリスクの大きさが決まる。投資家は，リスクを考慮した上で，リスクの負担に相応しい，十分な将来キャッシュフローが期待される場合に投資を決意する。

　一般的に，ファイナンスで問題とするリスクは，将来キャッシュフローの値が100％の確率で実現しない場合を指す。大きな損失が予想されていても，その発生確率が100％であれば，リスクはゼロである。他方，損失の確率がゼロであっても，予測される利益の範囲が広ければリスクは高くなる。要するに，

利益や損失の大きさではなく，予想した段階で，キャッシュフローの実現可能性の範囲がリスクの大きさを決める。損失が確実であれば，投資は行わない。利益が期待されても，実現可能性に応じて投資額は異なる。投資家は，リスクを酌量して資本資産の価格を決めるのである。

将来キャッシュフローの確からしさが高まれば，投資家は容易に資本を供給するが，不確かになればなるほど，資本供給に躊躇する。すなわち，リスクの大小に連動して資本供給が決まり，リスクを資産価値に反映することになる。資産価値の上昇（下落）は，期待される将来キャッシュフローの割引率を低下（上昇）させていることになる。市場が楽観的であるか，悲観的であるかは予想される不確かさを考える上で重要である。

キャッシュフローが確実視される国債は，リスクゼロの価格を形成し，その利回りは，リスクのない市場利子率となる。この国債の利回りを基準に，社債や株式投資の利回りは嵩上げされる。リスクに応じたリターンがもたらされるのである。国債利回りを上回る利回り部分は，リスクプレミアムである。

簡単な例示をしよう。毎年永久に10万円の利子を支払う国債が流通しているとする。この国債の価格が500万円であれば利子率は2%であり，国債価格が100万円に値下がりすれば利子率は10%に上昇したことになる。同じことは，利子率の上昇により債券価格が下落したともいう。利子率が2%であれば，500万円の資本調達に10万円の利子を支払うだけで調達できる。しかし，利子率が10%に上昇すれば同じ10万円の利子では100万円しか調達できない。利子率が資本の価格とよばれる理由である。

約定利息10万円の国債が500万円の市場価格をつけているときに，ある企業の社債価格が同じ10万円の約定利息に対して200万円の価格をつけているとしよう。この社債の利子率は5%である。国債の利子率が2%であるから，市場のリスクのない利子率2%にリスクプレミアム3%が加算されている。国債の価格は将来キャッシュフローを2%で割り引き，社債の価格は将来キャッシュフローを5%で割り引いていることになる。

しかし，金融商品の価格は，市場環境の相対的関係のなかで変動する。それ

は，正確な環境予測ができないという意味でリスクの要因である。ケインズの流動性選好説は，このリスクを問題として，現金への投資と債券投資を比較した[iv]。現金は利子を生まない代わりに，価値の変動がない安全な資産と定義されている。投資した資本資産の価値変動は，リスクが存在する証拠となる。資本資産の価値変動は，将来キャッシュフローの予想と相対的な価値が変化するためである。新たな情報が入手されることで資源配分の新たなシグナルが発信される。新たな情報は，⑧式に代入されるキャッシュフロー情報や資本コスト情報が変化することを意味する。

　再び，⑨式をみてみよう。現在時点では，将来キャッシュフローは各年末に100万円ずつ3年間だけ予想されている。この予想は，評価時点のものであり，1時間後の予想とは異なっている。1時間の間に新たな情報が入手されれば，約257万円の資本価値は変更される。新たな情報のなかには，キャッシュフローの確からしさにかかわる情報も含まれる。先行き不透明感が増すと，将来キャッシュフローの予測がむずかしくなる。同じ事業を継続している場合でも，環境変化が激しく，技術革新の速度や影響度，政治の不安定性，競合企業の戦略の見直し等でキャッシュフロー予想が不安定になる。

　リスクと資本価値を結びつける道筋には2通りある。ひとつは，分子のキャッシュフローで調整する方法であり，他のひとつは，分母の割引率で調整する方法である。前者は，リスク部分を将来キャッシュフローの見積もりに反映させ，その値を調整する方法であり，後者は，リスクに相応して分母の割引率を調整する方法である。後者の方法は，資本コストの議論と整合的であり，説明が容易である。リスクが高くなれば，投資家は高いリターンを要求するという関係である。ここで資本コストは，無リスク利子率にリスクプレミアムを加えたものと定義される。

　いずれの方法も，説明の手段であり，リスクの上昇と資本価値の関係をモデル化したものである。リスクを資本コストの構成要素に加えることで，債券の利回り格差や株式投資収益率の相違などを説明することができる。リスクの評価モデルは，次章で説明する。

(6) 情報の役割と効率的市場

　資本価値は，将来キャッシュフローに直接・間接影響を及ぼすさまざまな要因によって決まる。環境が変化するたびに，その情報が資本価値を相対的に変化させる。企業環境は，多様な情報の集合体であり，時々刻々と入手される。その都度，投資家は，新たな情報が及ぼす将来キャッシュフローへの影響を評価し，それぞれの主観的な判断で株式を売買することになる。専門家による緻密な予想も，素人の予想も，さまざまな市場参加者が入手可能な情報で評価する。多くの市場参加者による情報の解釈というフィルターを通過することで客観的な市場の評価とみなされるのである。

　したがって，情報伝達がなされなければ，資源配分に支障を来たし，リスク負担に歪みが生じることになる。特定の投資家がリスクを回避し，特定の投資家にリスクを押し付けることになれば，市場は正しいリスクの評価機能を果たせないことになる。これは市場の効率性に関する問題である。

　ユージーン・ファマ (Eugene F. Fama) の定義する効率的市場 (efficient market hypothesis) [v] は，証券価格が利用可能な情報を完全に織り込む市場である。効率的市場では，投資家の合理的活動により，証券価格は常にファンダメンタルズを反映し，新たな情報のみが価格変動の要因となる。しかも，新たな情報は瞬時に価格に織り込まれるため，過去の情報は役に立たない。

　効率性仮説では，効率性の形態を以下の3つに分類している。

① 過去の株価情報は，超過利益の源泉とならない（ウィーク・フォーム）
② 公開された過去および現在の情報は，超過利益の源泉にならない（セミストロング・フォーム）
③ 非公開情報を含めたすべての情報が，超過利益の源泉とならない（ストロング・フォーム）

　合併情報など，株価は情報公開後直ちに反応するため，ウィーク・フォームおよびセミストロング・フォームの実証例は多い。市場は，新たな情報が提供されると，多くの投資家がさまざまな角度から分析を行い，将来キャッシュフ

ローの質・量を評価する。新たな情報が投資家に対して同時にかつ平等の条件で提供されれば，株価は漸次的な動きではなく，新たな水準に瞬時に移動する。投資家が競ってファンダメンタル・バリューを評価し，さまざまな情報が将来キャッシュフローの予想に収斂されると，逆説的ではあるが，誰もが超過利潤を確保できない状況になる。情報コストをかけて分析しても，その時点の市場価格に関しては，過大評価の株や過小評価の株は存在しないことになる[vi]。

　この仮説は，金融理論の基礎的な命題であるが，情報の解釈は問題としない。不特定多数の需給調節機能は，織り込むべき情報を価格に反映させ，そこで成立した価格は，解釈することなくファンダメンタル・バリューを反映する前提である。市場価格と異なる価値を発見している投資家がいても，主観的予想は正しい価値ではないのである。ファンダメンタル・バリューを反映した正しい価格は，事後的には発見できる。しかし，ある時点の市場価格が正しい価格と乖離しているという評価は，市場が決めるのであり，乖離していると判断されれば，修正されることになる。効率的市場は，この修正に時間を要しないという立場をとる。市場には摩擦的な要因が存在しないのである。

　ある銘柄の株式に対する需要が増加（供給の減少）するのは，当該株式を発行する企業にとってグッド・ニュースがある場合であり，需要の減少（供給の増加）はバッド・ニュースの伝達である。現在1,000円の価格を付けている株が，新たな情報により高い価格を付けるとすれば，それはグッド・ニュースであり，低い価格を付けるとすればバッド・ニュースなのである。グッド・ニュースが伝達された時点で，株式を購入しようとしても，もはや1,000円では購入できず，したがって，超過利潤を得ることはできない。需給の調整速度がゼロという仮定なのである。

　また，市場の効率性は，短期利益を目的とする投資家と長期投資を目的とする投資家を区別しない。短期利益を追求するデイトレーダーは批判され，長期保有の投資家が正しい投資であるかのような議論がある。しかし，日々の情報を価格に織り込むためには，日々の情報収集に時間と労力をかける投資家の努力が必要である。日々の積み重ねのうえに今日の価格形成があるのであり，誰

もが長期保有をしていれば市場は価格形成機能を失うことになる。長期保有の投資家は，情報収集機能を果たさないフリーライダーになる[vii]。市場で売買する投資家がいることで，価格は情報を反映し，資源配分機能を果たすのである。

短期保有の投資家が批判されるのは，企業の短期業績が優先され，長期的視野の投資がむずかしくなるという誤った理解にある。投資家が賛同する長期ビジョンをもたず，研究開発投資や長期の戦略を策定しない企業の株は，長期ビジョンや長期戦略を有する企業の株式よりも割安のはずである。しかし，割安の株であっても，グッド・ニュースには株価が上昇し，バッド・ニュースで下落する。大量の株式を購入できるファンドは，経営如何で将来キャッシュフローを増加できる割安の株を購入し，長期ビジョンや戦略を策定するように迫るであろう。それができなければ，「余剰の現金は配当にすべき」と正しい主張をすることになる。

(7)　実験室的市場と現実の市場

市場機能が情報の伝達手段であるとすれば，適切な情報が保証されねばならない。不確定な情報伝達は，その情報の真偽が定まるまで株式市場の混乱要因となる。真偽が確定するまで，株価はファンダメンタルズを反映せず，資源はミスリードされることになる。市場価格が信じられなくなれば，資源配分のシグナル機能は失われ，投資家はリスクプレミアムを高めることになる。それは資本コストの上昇であり，株価の下落要因となる。

効率的市場仮説を前提とすると，真偽を探るプロセスでさえ，真偽が不明な状況におけるファンダメンタルズとなる。市場価格は，その時々の正しい価値を反映しているのである。しかしながら，人間がつくる制度には欠陥がある。現状よりも，効率的な市場となるような制度を構築し，社会の共通財産である企業価値を高める工夫が必要である。会社法や金融商品取引法などの改正は，効率的市場を追求するための制度設計でもある。

意図的に市場を操作するような情報は，明らかに資源配分を歪めることになる[viii]。虚偽情報は，時間が経過すれば明らかとなるが，誤った資源配分は取り返しがつかない。正しい情報が正確に伝わる仕組みを構築することは，投資家のリスク削減効果をもつ。それは，資本コストの低下に貢献する。

　さらに，正確な情報が平等・公平に瞬時に伝達されるということと，その情報を正しく解釈することは異なる。同一情報が伝達されても，市場で売買が成立するには，売りと買いが存在することになる。ある情報が伝わり，その情報の解釈をめぐり売りと買いが起こり，一定期間後に，その情報がいかなる結果に帰着したかが判明する。投資家は，特定事象に対して同一の情報が提供されても，これを解釈するための情報や過去の経験，情報処理能力などが異なっている。ファンダメンタル・バリューとは，均質ではない不特定多数の投資家の売買結果であり，そうした2時点間の比較を通じて，超過利潤や超過損失が認識される。

　一人の投資家が継続的に正しい評価（市場を出し抜くような評価）をできるとはかぎらない。超過利潤を上げ続ける投資家の有無にかかわらず，情報入手と同時に情報解釈が行われていることを認識しておかねばならない。個々の投資家にとって，新たな情報の入手は，過去の投資判断の成否を占うものであり，次の投資判断に結びつくものである。

　リスクに対する投資家の反応は，必ずしも合理的ではなく，投資家によっても異なっている。その成否は，投資家の自己責任である。ある価格で購入（売却）した投資家が成功し，同じ価格で売却（購入）した投資家が失敗する。リターンを得るためのリスクとは，現在の市場価格に対して伝達される，新たな情報の解釈の結果でもある。

　そして，市場の取引にはコストがかかる。資本価値に影響を与える新たな情報が入手されると，資本の相対的価値が変更され，資源配分を再編成する。環境変化とは，新たな情報であるから，常に資本資産の価格は変動しなければならない。しかし，売買手数料を含め，取引コストが高い場合には，小さな情報が価格に反映されない可能性がある。その情報内容の質・量は，環境変化の大

きさを規定している。情報が市場に伝達されている限り，情報伝達と同時に，投資家は価格変動のリスクを負うことになる。情報伝達の障害や取引コストの存在により，過去情報が修正されなければ，誤った投資が継続することになる。矛盾を抱えた資源投入は，正しい情報が開示されるまで続き，社会を誤った方向に導くことになる。

　ファイナンシャル・マネジメントは，一方で市場の効率性を前提としつつ，他方で市場の非効率性が検討課題となる。実際，すべての資本資産を取引対象とする市場は存在しない。証券化された一部の資本資産に対する市場が効率的市場の対象であるが，分散投資の対象になる資本資産の多くは市場価格を有さない。未上場の株式や債券のみならず，証券化されていない不動産や知的財産など，すべての資本資産の価格が個々の資本資産の価格に影響を与えるのであるが，それらを検証することはできない。

　市場は制度であり，常に制度の見直しが必要である。市場の効率性を前提にモデルを構築すると同時に，市場には，アノマリー（anomaly）が存在していることを考慮して意思決定しなければならない[ix]。

(8)　経営者評価と情報の非対称性

　株主と経営者には，情報の非対称性が存在する。株主は，特別な大株主を除き，当該企業の顧客よりも情報に疎いかもしれない。株主は，日々の企業情報を新聞やテレビ，あるいはインターネットなどで入手する。それでも，自ら出資する企業の有価証券報告書を詳細に読む投資家は少ない。多数の銘柄から選択して投資するというのであれば，多数の上場企業の有価証券報告書を読み込み，相互に比較しなければならない。しかも，有価証券報告書は，その作成に相当の時間を有する。それゆえ，作成された報告書に基づいて，瞬時に投資判断をしたとしても，数カ月前の過去情報に基づき投資することになる。そのような個人投資家がいるとすれば，売買のタイミングを逸し，株で儲けることなどできないであろう。証券アナリストでさえ，限られた範囲でしか企業情報を

得ることができない。

　投資家が必要な企業情報は，現在の状況に比して，将来キャッシュフローの増加が期待されるか，減少に転じるかの情報である。それは，ある時点における限界的情報であるが，将来にわたる企業環境を鳥瞰する情報である。他方，経営者は，企業に関する過去から現在に至るまでの情報を有し，これに基づいて将来を検討しなければならない。その情報は，企業に関する総合的な情報であり，組織の末端から吸上げられた平準化した情報である。

　したがって，経営者は一般に，株主よりも十分な企業情報をもっている。しかし，企業情報の優位にある経営者でも事業の結果については予見できない。経営者の戦略が，不特定多数の株主による将来キャッシュフローの増加期待にむすびつけば，株価は上昇する。反対に，評価されねば株価は下落する。経営者は，株主の富を最大化するための経営戦略を策定することが仕事である。

　経営者が，最良の経営戦略を策定したとしても，株主を説得できねば株価は下落する。株式市場における不特定多数の株主が評価できない戦略は，資金調達を困難にし，株主総会では取締役の再任が危ぶまれることもある。こうした事態は，本来有能である経営者が淘汰され，経営戦略の実質価値を伴わない，情報操作のみに長けた経営者を高く評価してしまう危険性がある。いわゆる，逆選択の問題である。情報が完全に伝達されないということは，投資家のリスク要因である。経営者のIR戦略に問題があるとしても，IR戦略が必要になること自体が，市場の情報伝達能力の限界を示している。市場は不完全なのである。

　過去の延長線上に将来があるということがわかれば，過去のデータを参考にすることができる。しかし，過去データを利用できるか否かの判断も，現在の情報に依存している。過去情報が将来予測に意味があるか否かを，その都度評価しなければならない。その評価は，企業を取り巻く多様な環境を分析した上での評価である。昨日まで，満員で行列のできる飲食店も，隣に新たな競合企業が出店すれば，売上の予想は変更を迫られる。順調な事業活動が期待され，過去のトレンドで売上や利益を予想できた事業でも，法律の改正や規制緩和などにより，まったく異なるキャッシュフローを予想しなければならない。

いずれにしても，無限に存在する現在の情報の中から，将来のキャッシュフローに関係する情報を取捨選択し，これを取り込むことで資産価格は決定する。情報が不完全であれば，資本市場における資源配分メカニズムが機能しないため，情報の真偽や情報入手経路が重要問題とされる。インサイダー取引や偽計取引が規制される所以である。

市場機能が不完全であるとしても，不特定多数の投資家は，情報の真偽を確かめるためにさまざまな活動を行い，調査・分析する。過去に誤った情報があれば，修正することで利益を得ようとしている。ひとつの情報源で不確かな場合，多様な情報により確かめられ，修正される。この修正は，早い者勝ちであるため，利益を得ようとする専門のアナリストは，常に情報の真偽を確かめている。それゆえ，企業が開示する情報は，投資家により真偽を確認されながら資産価格に反映されるのである。誤った情報を放置することは，専門的な金融機関にとって，利益機会を放置することになる。

資本主義経済は，利潤追求の仕組みを内在化している。株価に影響を与える情報が，投資家の重要事項であり，情報探索が利潤機会であるとすれば，投資家は，情報取得の努力を惜しまない。投資家の利潤追求行為こそ，市場を効率化させる最大の機能である。

注

i) 複利計算や現在価値の計算は，初歩的な数学の知識で理解できる。これらの関係を理解している読者は，次節を飛ばして先に進んでほしい。

ii) 現在の投資資金を I，n 年後のキャッシュフローを CF_n とすれば，投資利益率は，次の式の r を求めることになる。$I(1+r)^n = CF_n$

iii) シグマ Σ は離散モデルの総和記号であり，連続的な時間では積分記号 $\int$ が使用される。

iv) Keynes, J. M. (1936)

v) Fama, E. F. (1965, 1970)

vi) ある時期の株価が割高であったというのは，結果論である。市場は，常に新しい情報に基づき，価格を修正しているのである。

vii) 多くの個人投資家は，フリーライダーとして，詳細な分析をしないかもしれないが，専門的なアナリストが売買により利益を得るチャンスを伺っている。彼らの裁定取引により，株価に影響を与える情報は，さまざまな手段を通じて入手され，取引に利用される。フリーライダーの個人株主が株取引をしなくとも，日々の株式市場では専門家によ

る限界的な取引を介して，情報を織り込んだ株価が形成される。

viii) 意図的な情報により，資産価格が歪められる市場は，不特定多数の投資家が売買するような効率的市場ではない。効率的市場では，多方面にわたる多くの情報が入手され，誤った情報を淘汰する機能がある。価格に織り込まれるべき情報が取捨選択されるのである。それは，企業の内外情勢に精通した専門的アナリスト集団の分析を含んでいる。こうした専門家による裁定取引が機能すれば，意図的な情報操作は非常にむずかしいものとなる。他方，情報入手の能力や分析能力に欠ける少数の投資家が売買する市場では，虚偽情報で誤った投資判断を行う可能性も否定できない。いずれにしても，効率的市場を前提とすれば，意図的な情報は意味をもたず，その存在も等閑視される。

ix) 株式簿価と株価の割安・割高を基準に売り買いを決めるバリュー戦略により超過利潤を得たり，発行数の少ない小規模会社の投資で超過利潤を得られるという実証結果は，市場のアノマリーの証拠とされる。しかし，それでも市場の効率性を前提としてしまえば，超過利潤を得られる新たな情報を生み出しやすい投資対象ということになってしまう。竹田聡（2009）および，榊原茂樹・砂川伸幸（2009）を参照されたし。

第4章　リスクの評価モデル

(1)　リスク評価の基本的問題

　ファイナンシャル・マネジメントは，貨幣の時間的価値の計算が重要であるが，同時にリスクの問題に対処しなければならない。世の中が進歩発展する限り，リスクは発生する。このリスクを負担しなければ，新しい仕事は生まれず，社会の発展は期待できないのである。資本主義社会は，このリスクの大きな部分を株主が負担する仕組みとした。

　すでに述べたように，資本価値は相対的なものであり，企業をめぐる環境の変化により変動する。環境情報は，時々刻々と投資家に伝えられ，そのつど企業の資本価値は修正を迫られる。それゆえ，リスクと情報には相互に重要な関連がある。

　本章は，代表的なリスクの評価手法について解説する。結論を先に述べれば，正確にリスクを評価することはできない。金融工学が発展したのは，リスク評価をめぐる多様なモデルが登場したことにある。しかしながら，リスクの正確な評価は，投資対象の資産価格を正確に評価することに等しい。現実には，過去の経験を未来にあてはめることはできない。過去に学ぶことはできても，未来の予見はできないのである。

　新たなモデルの登場は，リスクを説明する新たな要因の発見である。しかし，いずれも，実践的利用の場面では，過去のデータを参考に現在のリスクを評価しなければならない。投資決定は，将来のキャッシュフローの評価であり，論理的に考えて過去のデータからは導出できない。市場で評価される金融資産の価格が変動するたびに，リスク評価が変更されている。実務の世界では説得力のある説明手段を期待するが，将来の正確な予言は神の領域であり，過去の経

験に学ぶ人間の知恵を超えていることを認識しておく必要がある。

　資本資産の評価モデルは，価格を予想するものではない。同じことであるが，投資利益率，すなわち，資本コストを予想するモデルでもない。将来キャッシュフローと資本コストで計算される資産評価の一般モデルは，価格を形成する要因を特定化するだけである。投資家はそれぞれのキャッシュフローを予測し，このキャッシュフローのリスクを主観的に評価して資本コストを要求する。投資家それぞれが見出すリスク要因は異なるが，市場価格は個々の投資家の需要と供給により形成され，リスクの高い資産と低い資産を峻別することになる。特定の投資家が価格を予想できるとすれば，それは市場の均衡価格を予想することである。しかし，ケインズが美人投票の例で説明したように，均衡価格の予想は簡単なことではない[i]。

　資本資産の価格が予想できなくとも，評価モデルの開発には意味がある。モデルは，論理的思考を助ける補助的な手段である。基本的な思考の枠組みは，無リスク利子率という仮想利子率を想定し，これを超える利子率をリスクプレミアムと考える。リスク部分と純粋に時間価値の部分を切り離すことで，考慮すべき要因を整理できる。無リスク利子率の代理変数を長期国債の利回りとすることで，リスクプレミアムの大きさが評価できる。また，過去のデータであっても，いかなる投資対象のリスクが高く評価され，安全な投資対象とのリスクプレミアムの大きさがどの程度であったかを検証できる。

　分散投資によるリスク削減効果やポートフォリオ理論（portfolio theory）を理解することで，市場の平均的な投資利益率と個々の投資対象の関係が説明できる。後述の $CAPM$（capital assets pricing model）では，ベータと市場ポートフォリオの期待利益率，それに無リスク利子率により資本コストを測定する。それは，多様なリスク要因を標準偏差（あるいは分散）と期待値という2つのパラメーターで簡略に説明する。現実を単純な関係で説明することは，非常に重要である。しかし，ベータや市場ポートフォリオの期待収益率は，結局のところモデルである。

　さまざまなリスク要因をモデルに取り入れることで，多様なモデルが構築さ

れ，その測定結果に幅が生じる。いずれの解も，過去データに依拠しており，過去の関係を将来に適応したものでしかない。それゆえ，同一モデルを用いても，参考にする過去のデータによって異なる解が計算される。一方，現在の資本資産価格は，過去のリスク評価ではなく，未来を評価して成立した価格である。過去のリスクを分析しても，現在の価格や将来の価格を予想することにはならない。それゆえ，過去データに基づき算出した資産価格と実際の市場価格の間に乖離が存在しても，市場価格の適正水準を論じることはできない。繰り返すが，いずれのモデルも，市場で評価できないリスクや資産の本質的な価値を探すものではない。モデルは，リスクを説明する手段なのである。本章では，以上の議論を踏まえて，代表的なリスク評価モデルを説明する。

(2) リスクの管理と評価手法

1) リスク・マネジメント

　企業のリスク・マネジメント (risk management) は，事業活動で発生する偶発的なリスクや人間の恣意的行動によるリスクを最小化し，企業の資本価値を最大化しようするものである。リスク・マネジメントの対象となるリスクは多様であるが，大きく純粋リスクと投機的リスクに分類される。純粋リスクとは損失機会のみが発生するもので，地震や風水害などの自然災害，火災や有害物質による環境汚染，損害賠償，情報システムの障害によるリスク，誘拐やテロ，機密情報や個人情報の漏洩による損害などである。

　他方，投機的リスクは損失と利益の双方の機会をもつ。企業を取り巻く環境要因の変化は投機的リスクを生む。為替や金融資産の価格変動は，企業の利益に貢献する可能性もあるが，損失の可能性も無視できない。取引先の信用リスク，技術進歩，社会的嗜好の変化，法律の変更（規制緩和や規制強化），税制変更なども事業活動に追い風になることも向かい風になることもある。

　企業の経営意思決定は，すべてリターンとリスクのトレードオフの関係とみなせる。リスクが顕在化した場合，その損失を軽減するためにはコストがかか

る。それは，リスクを認識し，これを評価・分析し，その削減のための対策と補填にかかるコストである。企業資本の価値を最大化するためには，将来キャッシュフローに関して，コストとリターンを比較考量しなければならない。リスクを最小化するためにコスト負担が増大し，利益が得られなくなっては意味がない。しかし，リスクが高すぎて，一か八かの勝負では事業の永続的運営はできない。

　ファイナンシャル・マネジメントは，予想されるキャッシュフローが確実でないすべての事象を対象に，リスクとリターンの関係を見出し，企業価値を最大化する選択肢を探るものである。

2) 期待値と分散

　50階建てのビルの屋上から飛び降りるときの危険度と，2階建て住宅の屋根から落ちる危険度を比較してみよう。生命の危険度の高さは，明らかに前者であり，奇跡が起こらない限り死亡する。他方，後者は打ち所が悪ければ死亡する可能性はあるが，運がよければかすり傷すら負わないかもしれない。この状況を確率で示すと，前者は，ほぼ100％の確率で死に至るが，後者はさまざまな可能性をもつ。かすり傷が10％，足の捻挫10％，大腿骨や腕などの骨折10％，肋骨の骨折10％，頭蓋骨骨折5％等々，多様な可能性がある。起こりうる可能性が広範囲にわたり，結果が予想しにくい状況にある。それゆえ，期待される結果と実現する結果が乖離する可能性が高いのである。

　ファイナンシャル・マネジメントが対象とするリスクの中心は，起こりうる結果が多様な事象である。100％危険な行為は，選択しなければリスクではない。逆に，損失の可能性がなくとも，1万円の利益と1億円の利益が50％の確率で生じる場合にはリスクと認識される。同じことだが，損失が確実な株式と儲かるかもしれない株式であれば，前者はリスクがゼロであり，後者はリスクを評価しなければならない。リスクとリターンを比較することになる。

　価格の下落が確実な株式も，キャッシュフローに応じた株価が成立する。期待される利益に応じて価格が成立するため，株式投資利益率は均一化される。

期待利益の大きな株には高い価格が成立し，期待利益の小さな株には低い価格が成立する。結果として，両者の株式投資利益率が均一化する。しかし，前章で説明したように，期待利益が同一でもリスクが異なれば期待投資利益率に差が生じる。このリスクの測定方法が本章の最初の目的である。

リスクの測定モデルをつくるために，将来予想についての確率分布を仮定する。起こりうる事象は，皆目見当がつかないこともある。しかし，そうしたカオス的な状況では，われわれは意思決定できない。何らかの可能性が見出されるときに，意思決定に至る。われわれの世界は，不確実性に支配されているが，意思決定事項は，可能性に関して考える余地が残されているのである。この可能性を，確率分布を用いて説明しようというモデルである。

一般に，売上収入は確実に予想できない。比較的安定的な収入が予想できるビジネスから，予想の困難なビジネスまで多様である。予想が確実なビジネスは参加した経営資源に対する報酬を支払いやすいため，多くの投資家が参加し，収入のパイを奪い合う。結果として，投資に対する分け前は小さくなり，投資利益率は低下する。他方，売上予想が不確実なビジネスは市場参入が少なく，結果として，成功したときのパイを少数で分けることになり，成功報酬が大きくなる。ハイリスク＝ハイリターンである。高いリターンが期待されなければ，リスクを負担して，ビジネスを引き受ける担い手はいない。「資本コスト＝市場利子率＋リスクプレミアム」という定義は，理に適っている。

確実な報酬は，確率が100％で実現するが，不確実な報酬は期待値で考える。期待値 μ は，以下のような確率変数 χ の平均値として示される。

$$\mu = \sum_{i=1}^{n} x_i P(x_i) \qquad ①$$

下記の式は，サイコロの目の期待値を計算したものである。

$$3.5 = 1 \times \frac{1}{6} + 2 \times \frac{1}{6} + 3 \times \frac{1}{6} + 4 \times \frac{1}{6} + 5 \times \frac{1}{6} + 6 \times \frac{1}{6} \qquad ②$$

3.5が，サイコロの期待値である。確率変数は，サイコロの6つの目であり，それぞれの確率は1/6である。実際に3.5という目はないが，サイコロを繰り

返し振ることで1回あたりの平均が3.5になる。

同じように，20万円の現金収入の可能性が50％，2万円の現金支出が50％の確率で発生する投資機会の期待値を求めてみよう。この計算は，以下のように9万円になる。

$$9万円 = -2万円 \times 0.5 + 20万円 \times 0.5 \qquad ③$$

上記の投資機会は，9万円の価値に評価されるであろうか。投資家は，期待値のみを基準にして投資機会を選択するのであろうか。次のような3つの投資機会を比較してみよう。

- A事業：毎年100万円のキャッシュフローが確実
- B事業：毎年200万円と0円が確率50％
- C事業：毎年400万円と-200万円が確率50％

上記の事業は，いずれも各年度の期待値が100万円である。投資家は，これら3つの事業計画を無差別と見なすであろうか。慎重な投資家は，結果が既知のA事業を選択するに違いない。他方，リスクを愛好する投資家は，C事業を選択するであろう。不特定多数の投資家が，リスクを愛好するのであれば，C事業に人気が集中し，事業の入札価格が上昇するか，毎年の受取り収入のパイが減少するであろう。しかし，一般的には，多くの投資家が慎重であり，リスク回避型の投資を選択するであろう。このとき，A事業の価格が上昇し，C事業の価格が下落することになり，それぞれのリスクに応じた価格が設定される。このリスクの尺度に使われるのが，以下の分散σ^2や標準偏差σである。

$$\sigma^2 = \sum_{i=1}^{n}(x_i - \mu)^2 P(x_i) \qquad ④$$

$$\sigma^2 = \sqrt{\sum_{i=1}^{n}(x_i - \mu)^2 P(x_i)} \qquad ⑤$$

A事業の分散および標準偏差はゼロであり，B事業の分散は下記のように10,000万円と計算される。標準偏差は，その平方根であるから100万円である。

$$10,000万円 = 0.5 \times (200万円 - 100万円)^2 + 0.5 \times (0 - 100万円)^2 \qquad ⑥$$

C事業の分散と標準偏差も同様に計算すると，分散が90,000万円，標準偏

差が 300 万円となる。

　ビジネスの世界では，可能性が 50％ずつの事象は珍しい。むしろ，多くの可能性を考慮して，その結果が散らばるような分布を想定するであろう。正規分布を仮定すると期待値を中心に ±1σ のなかに 68.27％，±2σ のなかに 95.45％，そして ±3σ のなかに 99.73％ が含まれることになる（図 4-1）。起こりうる結果は，連続的ではないかもしれないし，歪んだ分布であるかもしれない。しかし，正規分布を想定することで，リスクに関するイメージが掴みやすく，その上，モデルの操作性も比較的容易となる。

　期待値に対して標準偏差が大きくなれば，リスクが高くなる。正規分布の裾野が広がり，結果に幅が生じるため予測しがたい状況となる。具体的な計算をしてみよう。右記の表 4-1 は，ある特定の銘柄の 35 ヵ月にわたる株式投資利益率を掲載してある。一番左の列は，株式投資利益率である。−20％ という値は，月初めに株式を購入し，月末に販売した場合の投資利益率である。100 円で購入した株価が，月末に 80 円になっていることになる。あるいは，100 円で購入した株価が，月末に 10 円の配当を受け取り，70 円に値下がりした場合も同じ結果である。左から 2 番目の列は，−20％ の月が 2 回あったことを意味する。35 ヵ月のうち 2 回の発生のため，確率は 0.057 となる。この列の最後の行は，確率の合計であり 1 になる。

　左から 4 列目は，株式投資利益率に確率を乗じた値である。この列の合計は，期待値である。5 列目は，期待値と確率変数 x の偏差の二乗である。6 列目は，5 列目に確率を乗じた値であり，その合計が分散となる。分散は 123.673 であり，

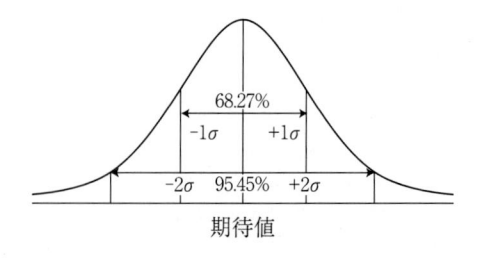

図 4-1　正規分布の図

標準偏差は11.1208と計算される。もちろん，このように面倒な計算をすることなく，エクセルの関数機能で期待値や分散，あるいは標準偏差は簡単に求められる。

正規分布を仮定すれば，期待値の1.429を中心にしてプラスの方向に11.1208とマイナスの方向に11.1208の範囲内に68.27%，およそ3分の2が入ることになる。

表4-1　35ヵ月の株式投資利益率

株式投資利益率	頻度	確率	期待値の計算	$(\mu-x)^2$	分散の計算
-20	2	0.057	-1.143	459.184	26.239
-15	3	0.086	-1.286	269.898	23.134
-10	3	0.086	-0.857	130.612	11.195
-5	5	0.143	-0.714	41.327	5.904
0	4	0.114	0.000	2.041	0.233
5	6	0.171	0.857	12.755	2.187
10	7	0.200	2.000	73.469	14.694
15	2	0.057	0.857	184.184	10.525
20	3	0.086	1.714	344.898	29.563
合計	35	1	1.429		123.673

この数値をみるかぎり，非常にリスクの高い投資という印象を受けるであろう。マイナス20%を経験したときに，プラス20%の楽観的予想はむずかしい。株価が下落したときに購入した投資家は，高いリターンを期待するかもしれないが，最も高い価格で購入した投資家は，悲観的な予想に陥るかもしれない。株価が20%下落した段階でも，さらに20%の下落を予想するかもしれない。過去の数値は，それだけの変動幅を予感させるのに十分である。

(3)　分散投資によるリスク削減

事業活動は，選択と集中が重要である。自らの企業のコアコンピタンスを認識し，これに資源を集中することで強みを発揮することができる。しかしながら，集中すべき事業活動を見つけることは容易ではない。環境が変化すること

で，得意な事業活動そのものが必要なくなるかもしれない。したがって，多くの企業は，コアコンピタンスを意識しながらも，狭い範囲に資源を集中することに躊躇する。

　投資家は，自らが投資対象とする資産を取捨選択するが，投資家の情報処理能力は制約されており，投資対象のすべてに関して正確な情報を得ているわけではない。株式市場には多くの銘柄が上場しているが，投資対象となる株式は，日本のみならず，世界の市場から選択できる。金融資産は株式だけではない。社債や国債を含めて比較検討すべきである。加えて，投資家は，土地やその他の不動産，絵画などの美術品，宝石や金などに投資できる。価格が成立している資産は，すべて投資対象であり，多くの投資家が意識しなくとも，分散投資をしていることがわかる。すべての財産をひとつの投資対象に投資する投資家はいない。こうした意識的・無意識的な分散投資はリスクの削減効果をもつ。

　たとえば，為替変動による株価変動のリスクは，円高で上昇する銘柄と円安で上昇する銘柄に分散投資することで除去される。気温の変化や多様な環境変化による株価の変動リスクも，多数銘柄の株を組み入れたポートフォリオをつくることで除去できる。

　分散投資による複数投資の組み合わせにより，1銘柄の変化が大きなリターンやロスとならない。冷夏で儲かる企業のオーナーは，猛暑で損失を計上する可能性が高い。猛暑で儲かる事業のオーナーは，冷夏で損失を計上する可能性が高い。しかし，両方の事業に投資するオーナーは，猛暑でも冷夏でも大きな利益を得られない反面，大きな損失を被ることもない。

　猛暑で儲かる事業Hと冷夏で儲かる事業Cを考えてみよう。寒暖の差は程度問題であり，実際のところ，利益の大きさにどの程度影響するかは不明である。ここでは猛暑と冷夏のいずれかが50%で発生すると仮定し，その場合の利益も見積もれるものと仮定しよう。ここでは，分散投資をすることで期待値を下げずに標準偏差を小さくできることを説明する。

　猛暑で儲かる事業Hは，猛暑になると1,000万円の利益を稼ぐことができるが，冷夏になると200万円しか稼げない。他方，冷夏で儲かる事業Cは，猛

暑では100万円の赤字になるが，冷夏になると1,300万円の利益を計上できるとしよう。両事業の期待値はそれぞれ600万円である。

事業Hの標準偏差は，下記のように400万円と計算される。

$$400\text{万円} = \sqrt{0.5(600\text{万円} - 200\text{万円})^2 + 0.5(600\text{万円} - 1{,}000\text{万円})^2} \quad ⑦$$

他方，事業Cの標準偏差は，下記のように700万円である。

$$700\text{万円} = \sqrt{0.5(600\text{万円} - 100\text{万円})^2 + 0.5(600\text{万円} - 1{,}300\text{万円})^2} \quad ⑧$$

しかし，HとCの事業に50％ずつ投資すれば，猛暑ではH事業から500万円の利益を獲得し，C事業の赤字50万円を引き受けることとなる。冷夏では，H事業の利益100万円とC事業の650万円の利益を手に入れることができる。つまり，猛暑では450万円を稼ぎ，冷夏では750万円の利益を得ることになる。その期待値は，個々の事業と同じく600万であるが，標準偏差は150万円とかなり小さくなっている。猛暑と冷夏，円高と円安など，株価が逆相関になるような組み合わせは多くない。しかし，相関係数が1以下であれば，分散投資でリスクを減らすことができる。

表4-2をみてみよう。1988年から2010年までの2銘柄の株式投資利益率を年度ごとに計算したものである。2列目は，A社の株式に投資した利益率である。88年期首に購入し，期末に売却したときに投資利益率が3.23％と計算されている。3列目も同じであり，B社の株式の投資利益率である。4列目は，A社とB社の株式に50％ずつ投資した場合の株式投資利益率である。A社の株式に50％投資することで，1.615％の利益率が計算され，B社の株式に50％投資することで，0.675％の利益率を上げることができる。両者を加重平均した値が4列目の2.29％である。

A社株式の各年の投資利益率を平均した値は約2.053％であり，その標準偏差は約4.455％，B社の期待値は約1.411％で，標準偏差は約1.437％と計算される。A社とB社の株を50％ずつ組み入れたポートフォリオの期待値は約1.732％であり，標準偏差は約2.646％である。

相関係数が1を下回っているため，分散投資によるリスク削減効果が発揮されている。ここでは，それぞれの投資比率が50％であるが，A社株式の比率

を高くすれば，期待値が上昇し，標準偏差が大きくなる。逆に，B社株式の組み入れ比率を増やせば，期待値が下がり，標準偏差も小さくなる。

表 4-2

年	A株利益率	B株利益率	AB株利益率
1988	3.23	1.35	2.29
1989	4.23	2.28	3.255
1990	2.12	-1.15	0.485
1991	3.34	2.47	2.905
1992	4.23	-1.23	1.5
1993	10.22	3.89	7.055
1994	12.12	2.44	7.28
1995	-3.57	-0.24	-1.905
1996	-8.22	0.67	-3.775
1997	-2.35	0.04	-1.155
1998	3.24	1.28	2.26
1999	0.35	2.04	1.195
2000	-1.12	0.11	-0.505
2001	3.23	2.56	2.895
2002	-2.22	2.22	0
2003	4.68	2.26	3.47
2004	6.66	0.99	3.825
2005	-3.67	0.34	-1.665
2006	3.28	2.98	3.13
2007	2.12	3.35	2.735
2008	6.87	2.25	4.56
2009	-2.11	-1.22	-1.665
2010	0.56	2.77	1.665
期待値	2.053043	1.41087	1.731957
標準偏差	4.454776	1.43748	2.645646
相関係数	0.475228		

以上の数値をグラフ化すると，図4-2のようになる。

　この数値を入れ替えると，個別銘柄の投資利益率の期待値や標準偏差は同じでありながら，ポートフォリオの標準偏差が下がることがわかる。先に例示した寒暖差による株価への逆相関がある場合である。

図 4-2

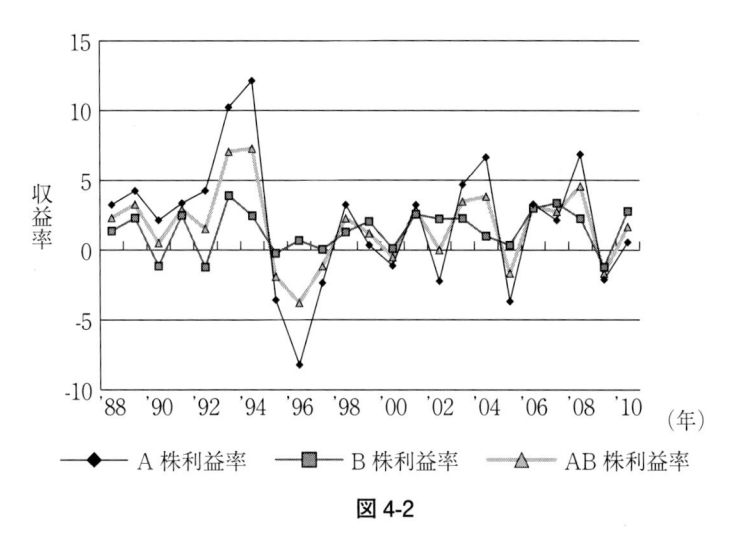

通常，経済は，同一の方向に動く傾向がある。株価は，全体的に上昇する時期と下降する時期がある。そのため，相関係数が負になるような組み合わせを見つけることは容易ではない。しかし，正の相関であっても，多数の投資対象に分散投資することで，リスクは確実に減らすことができるのである。

一般化しよう。N 個の資産からなるポートフォリオの期待利益率 $E(R_P)$ は，⑨式のように示すことができる。

$$E(R_P) = \sum_{i=1}^{n} X_i E(R_i) \qquad ⑨$$

ここで X_i はポートフォリオの組み入れ比率であり，$E(R_i)$ は，i 証券の期待利益率である。

ポートフォリオの標準偏差は，以下のように示すことができる。

$$\sigma(R_P) = \sqrt{\sum_{i=1}^{n} \sum_{j=1}^{n} X_i X_j Cov(R_i, R_j)} \qquad ⑩$$

$Cov(R_i, R_j)$ は，i 証券と証券の j 共分散である．

たとえば，A 証券と B 証券の 2 種類の投資利益率の標準偏差は以下のように計算される。

$$\sigma(R_P) = \sqrt{X_A^2 \sigma_A^2 + 2X_A X_B Cov(R_A, R_B) + X_B^2 \sigma_B^2} \qquad ⑪$$

　証券の種類が3種類になると，共分散はAとB，AとC，BとCの3種類になる。一般化した式が理解できなくとも，各証券の投資利益率のデータと3種類の組み入れ比率が示されていれば，ポートフォリオの期待利益率や標準偏差は計算できる。これは先に示した表4-2のように計算できる。

(4)　分散投資を前提とした均衡理論

　分散することで除去可能なリスクは，ユニーク・リスク（unique risk）ないしアンシステマティック・リスク（unsystematic risk）と称し，分散投資しても除去できないリスクをマーケット・リスク（market risk）ないしシステマティック・リスク（systematic risk）とよぶ。

　多様な資本資産を所有する投資家が特定銘柄の株式に投資する場合，その資本コストは，分散投資をしない場合の資本コストに比較してリスクプレミアムが小さくなる。あるいは，同じことであるが，期待されるキャッシュフローや配当が小さくても投資できることになる。投資対象がひとつしか選択できない，投資家の負担リスクを考えてみれば理解できるであろう。次章で論じる株式会社制度と証券市場の整備により，投資家のリスクは分散可能となり，個々の銘柄に投資するリスクプレミアムが削減され，資本コストが低下することになった。結局，資本調達が容易になったわけである。

　市場が効率的であれば，分散投資を行わない投資家は淘汰され，市場には分散投資をする投資家が残ることになる。投資家の分散投資を前提とする資本資産評価モデルがCAPMである。このモデルは，マーコビッツ（Harry Markowiz）[ii]による現代ポートフォリオ理論を援用し，これを市場の一般均衡理論として発展させたシャープ（William Sharpe）[iii]，リントナー（John Lintner）[iv]，モッシン（Jan Mossin）[v]等によって構築されたものである。

　CAPMでは，市場のすべてのリスク証券を組み込んだ市場ポートフォリオ

との関係においてリスク（ベータ）を把握し，個別証券の価格理論を展開する。個別証券 i の期待利益率 $E(R_i)$ は β_i に比例する関係として次のように示される。

$$E(R_i) = \{E(R_m) - R_f\}\beta_i + R_f$$

$$\beta_i = \frac{Cov(R_i, R_m)}{\sigma^2(R_m)} \qquad ⑫$$

ここで $E(R_m)$ は市場ポートフォリオの期待利益率，R_f は無リスク市場利子率，$Cov(R_i, R_m)$ は i 証券の利益率と市場ポートフォリオの利益率の共分散，$\sigma^2(R_m)$ は市場ポートフォリオの利益率の分散である。$E(R_i)$ は，i 証券の資本コストである。金融資本市場における分散投資により分散可能リスクは除去され，マーケット・リスクのみを反映した証券価格が成立するという仮定である。

このモデルは難解にみえるが，具体的な事例で考察すると理解しやすい。市場ポートフォリオを日経225のような株式市場の代表的な利益率と考え，R_f を国債の長期利回りと想定してみる。日経225の期待利益率と国債の利回りの差は，市場ポートフォリオのリスクプレミアムである。$\beta = 1$ であれば，当該金融資産のリスクは市場ポートフォリオと同じリスクであり，$\beta = 2$ であれば，市場ポートフォリオの2倍のリスク，$\beta = 0.5$ であれば，半分のリスクということになる。これらの関係は，株式投資収益率をプロットすることにより直感的に理解することができる。

1999年から2010年までのA社の株式投資利益率と市場ポートフォリオの利益率，国債の利回りを仮定しよう。表4-3は，仮想的な市場であるが，これをプロットした図4-3は，市場ポートフォリオとA社の株式投資利益率の関係が理解できる。

図4-3を見ると，A社株式の利益率は，市場ポートフォリオの利益率に対して，山が険しく，谷が深い。このA社株式の β を計算すると約2.24という値になる。つまり，市場ポートフォリオよりもリスクが高いことを意味している。市場ポートフォリオに比べて β の小さな投資対象は，電力会社や鉄道事業の株式などである。

表 4-3

年	A社利益率	市場利益率	国債利回り	リスクプレミアム
1999	12.4	6.9	2.6	4.3
2000	-5.7	-1	2.2	-3.2
2001	11	6.7	2.7	4
2002	-2.5	3.4	2.2	1.2
2003	9.8	7.7	2.8	4.9
2004	-4.6	1.3	1.7	-0.4
2005	-5.5	3.5	2.4	1.1
2006	5.1	2.3	2.5	-0.2
2007	14.5	7.4	2.8	4.6
2008	-6.6	-1.5	1.8	-3.3
2009	17.2	3.8	2.1	1.7
2010	8.5	4.5	2.2	2.3

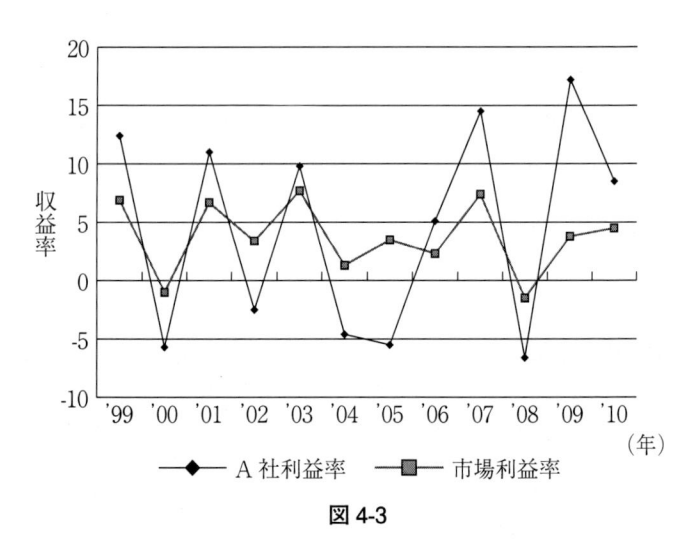

図 4-3

$CAPM$ は，将来の利益率予想に基づき計算されねばならないが，残念ながら将来の客観的予想データは存在しない。そのため，過去の実績値を使用して現在時点のリスクや資本コストを算定することになる。ここでは表4-3にある過去12年間のリスクプレミアムの平均値と現在の国債の利回り，そして β から，資本コストを推計した。

データの期間により，β や資本コストの値は大きく異なる。過去に遡ることでデータ数を増やすことができるが，過去に遡れば遡るほど，現在の状況を表さなくなる。データを増やしてみても，現在の β や資本コストを推計する精度が向上するわけではない。環境変化や企業の収益構造が変化すれば市場との関係は変化するためである。10年前とは異なる事業を行っている企業に，10年前の利益率の情報を使えば，まったく異なる企業の β および資本コストを推計することになる。

(5) マーケット・モデル

ポートフォリオ選択論から発展した $CAPM$ であるが，より実務的なモデルとして考案されたのがマーケット・モデルである。このモデルは，市場全体の相場動向と各証券の投資利益率には線形関係があると仮定し，以下のような統計学における単回帰モデルを利用して説明する [vi]。

$$R_i = \alpha_i + \beta_i R_m + e_i$$

$$\beta_i = \frac{Cov(R_i, R_m)}{\sigma_m \sigma_i} \qquad ⑬$$

このモデルの仮説は，各証券の投資利益率が，市場ポートフォリオの投資利益率のみで説明されるというものである。それゆえ，単一指標モデルともよばれる。α_i はi証券に固有の値であり，β_i は i 証券の投資利益率のうち，市場ポートフォリオの利益率によって説明できる部分である。e_i は回帰モデルの誤差項であり，市場の動きでは説明できないアンシステマティックなリスク部分である。この誤差項の部分の期待値をゼロと仮定することで，⑬式は以下のよ

うに期待値のモデルに書き換えられる。

$$E(R_i) = \alpha_i + \beta_i E(R_m) \qquad ⑭$$

　個別証券の投資利益率と市場ポートフォリオの投資利益率のデータがあれば，マーケット・モデルのパラメーターである α と β は容易に計算できる。そのため，実務的にも利用しやすいモデルとなっている。しかしながら，問題の本質は，均衡理論である $CAPM$ と同じである。均衡理論は，予想モデルにはなりえない。i 証券の期待投資利益率と市場ポートフォリオの利益率は同時決定であり，いずれか一方を求めて，他方を算出するという関係ではない。しかも，過去のデータからパラメーターを計算するため，現在の関係を導くことにはならない。モデルを用いる意味は，すでに答えを有する予想者の主観的予想を確認することにある。

注

i) 　Keynes, J. M.（1936）は，美人投票を例に金融市場の投資を説明する。最も投票が多い人物に投票した者に賞品を与える新聞投票においては，投票者の好みではなく，投票が多いと思われる平均的な美人へ投票することが必要となる。

ii) 　Markowitz, H.（1952）（1959）

iii) 　Sharpe, W.（1964）（1970）

iv) 　Lintner, J.（1965a）（1965b）

v) 　Mossin, J.（1966）

vi) 　宮川公男・野々山隆幸・小山明宏（1997）を参照せよ。

第5章　株式会社の資本

(1)　利益を生む企業資本

　資本主義経済における企業は，その中心的役割を営利企業が担っている。個人が自立し，自らの責任において私有財産を守ることが原則の社会では，営利の追求は基本的な行動原理である。正当な売買取引を通じて，相互の情報が交換される。情報の隠蔽や不正利用による利益が発覚すれば，それは不当な取引として社会的責任を追求されることになる。交換当事者同士が，相互に牽制しつつ，利潤最大化を図ることで，新たな財やサービスの創造とコスト削減を可能にし，社会を豊かにする。

　社会を豊かにする企業が営利目的を有するとは限らない。社会に必要な仕事であっても，私的な交換取引にそぐわないものがある。不特定多数が恩恵を被るが，売買の成立しがたい財・サービスがある。公共の財やサービスは，私有財産の取引に還元できない。また，現在の投資の効果が100年後に現れるような事業も，私的な営利企業には適さない。たとえ，社会を豊かにする期待が高くても，報酬を受け取るまでの時間がかかりすぎる[i]。市場が機能し，私有財産の交換が可能になるとき，営利企業が意義をもつ。

　企業は，生産要素の結合を通して活動するひとつの概念である。ビルや工場，機械設備や備品を一切所有しなくとも，生産要素が結合し，生産活動が行われることで企業という概念が成立する。企業は，有形の資産の有無とは関係なく，キャッシュフローを生み出す存在として認識される。土地や建物，機器備品，その他の資産のすべてをアウトソーシングし，経営者や従業員の給与，その他の諸経費の一切合財を支払った後に，資本供給者に残余のキャッシュフローが期待できる限り，企業は資本という概念で説明される。

この資本概念は，貸借対照表に記載される純資産や貸方合計としての総資本ではない。貸借対照表の総資本は，会計上定義された総資産に等しい。その大きさはキャッシュフローの多寡と直接的な関係を有さない。他方，企業という資本概念は，帳簿上の総資産の大きさと関係なくキャッシュフローの大きさに関係する。すなわち，将来の利子，企業の実務では将来利益（正確にはキャッシュフロー・プロフィット）が期待された時点で資本の価値をもつことになる。

(2)　資本調達手段としての企業形態

　企業という資本概念は，資本調達手段を工夫することで価値を捻出する。投資家は，将来キャッシュフローの量と質，それに流動性を比較考量して資本の供給先を決める。事業から期待されるキャッシュフローが同一であっても，金融商品としての企業価値は，調達の仕組みで差異を示す[ii]。これは一般の商品と同様である。食品は，袋を小分けすることで商品価値を高めることがある。ひとり暮らしと大家族では，異なるパッケージが必要である。また，製品の品質に関する審査機関の有無が商品価値を高めることも確かである。割賦販売や製品の保証，解約・払い戻し等の制度が，企業の売上増加に貢献している。

　投資家が購入する金融商品も，証券化や監査制度，格付け機関，上場基準の設定などの投資環境を整えることで価値を創出する。投資家は，いつでも投下資本を回収でき，小さなリスクでより多くのキャッシュフローを期待できる投資対象を望む。投資家に望まれる仕組みをつくることで，企業の資本調達コストは低下し，企業資本の価値が増加することになる。企業形態は，こうした資本調達のための制度設計である。以下では資本調達とのかかわりにおいて，代表的な企業形態として，個人企業，合名会社，合資会社，株式会社を説明する。

1) 個人企業の制約

　個人企業は，営利目的の社団法人ではないため，会社という呼称は使わない。個人企業の生産活動は，不特定多数の顧客を対象とせず，特定のセグメントに

絞り込んでいる。意識するか否かにかかわらず，生産要素に制約があり，比較的生産規模が小さいために，市場を特定化せざるを得ない。その原因は，資本調達にある。個人企業では，個人の貯蓄が投資の原資となる。個人の貯蓄は，個人所得から個人消費を差し引いた残額であり，事業活動から生み出される所得の一部を貯蓄し，再投資することになる。それは企業の内部留保である。

個人企業の借入額は，個人所得に制約される。元本と利息の返済が，個人所得を源泉とするためである。無理な借入れは最低限の消費生活を犠牲にし，破綻を来たすことになる。消費生活の破綻可能性が高ければ，資金を融通すべきではない。合理的投資家は，リスクが高ければ資本供給を躊躇する。

このように，個人企業の投資は，個人企業家の所得と消費の関係に制約される。大きな規模の生産をするためには，長い年月にわたる貯蓄を強いられるし，その貯蓄額も自然人である個人企業家の寿命により制約がある。年々の所得からの貯蓄は，急激な成長を望めず，緩慢な社会発展に貢献することになる。

2) 合名会社

合名会社は法人格を有するが，個人企業の結合体でしかない。個人の貯蓄を合算することで個人企業の制約を超えた生産規模が可能になる。しかし，10人の個人が集った場合でも，貯蓄が10倍に増えるだけである。1,000万円の貯蓄が1億円に増加しても，それほど大きな規模の生産はできない。

会社に出資する者を社員とよぶが[iii]，合名会社では社員の全員が出資義務をもち，しかも無限連帯責任を負う。彼らは，個人の所得に関係なく，会社の借入金に対する返済義務をもつ無限責任社員となる。社員数が増え，取引規模が拡大すれば，社員の責任は大きくなる。企業規模の成長が，個々の社員の破綻リスクを高めるとすれば，合名会社は，規模の拡大と矛盾する構造を有していることになる。

社員全員が利益の分配に与ると同時に，損失の分担義務があるため，リスクの高い投資計画は敬遠される。成長の望める分野がリスクの高い分野であるとすれば，合名会社ではリスクのある事業に支障をきたす。将来に対する思惑は

個人差があり，リスクの判断はむずかしい。そのため，合名会社の社員数は制限される。多くの社員が集まれば意思決定ができなくなるからである。多数の出資者を募ることはできず，運命共同体としてリスクをともに背負う家族や親族，友人などの人的関係が資本調達の範囲となる。個人企業の結合体としての性格が強いため，資本調達は制約を受けるのである。

　加えて，人的性格を有する企業の社員資格は，社員全員の承諾が必要である。退社による持分の払い戻し請求は可能であるが，実際には容易ではない。なぜなら，出資した貨幣資本は，生産資本などの形態に変化しており，貨幣資本として回収するには時間を要するためである。意見の相違や社員の相続問題などが生じると，事業活動に準備されていた資産を処分しなければならず，企業活動の継続性も危ぶまれることになる。

　それゆえ，こうした企業形態では，永続的生産活動が困難であり，事業目的に成長を掲げることができない。事業の永続的発展を期待できる資本調達の形態が備わっていないのである。

3) 合資会社

　合資会社は，無限責任社員に加えて，経営に直接携わらない有限責任社員が構成メンバーとなる。有限責任社員は，利益の分配に与ることを目的に出資し，その責任範囲が出資額に制限される。企業は，意思決定者の数を増やすことなく，迅速な意思決定が可能であり，同時に多くの資本を調達することができる。

　しかしながら，企業規模の拡大は，無限責任社員の責任範囲を拡げることになる。無限責任社員の所得が限られているため，その責任能力に疑問を抱かせる状況になれば，資本調達を拡大することはできない。また，経営に直接関与しない有限責任社員は，監視権を有するとしても，直接的な意思決定に関与しないため，情報の不完全性に基づくリスクを負うことになる。しかも，出資額の回収や持分の譲渡は合名会社と同じく困難である。

　結果として，合資会社も，資本調達の範囲は限られ，大規模な事業やリスクの高い事業に対する制約は大きい。

4) 株式会社

　株式会社は，以上の問題を解決するための画期的な制度である。その特徴は，全社員の有限責任制と資本を証券化した譲渡自由な株式制度である。企業は出資者に株式を発行して資本を調達する（発行市場）。出資者は株主となり，株主総会の議決権や利益配当請求権，残余財産分配請求権などの権利を有する。株主総会での議決権は，1人1票ではなく，1株1票を原則とした経営参加権である。実際には，直接的に経営意思決定に携わるのではなく，取締役などの経営者の選任を通じた間接的な経営参加となる。所有と経営の分離である。

　小口の株式に分割したことで投資家は企業の共同所有者となる。有限責任であるゆえ，企業が多額の負債を残して倒産しても，株主が失うものは投資した株式の価値がゼロになるだけである。株主の利益は，その上限が無限大である反面，最大の損失は株式の価値がゼロになるだけである。

　譲渡自由な株式制度（流通市場）が機能していれば，いつでも株主を辞めることができる。必要に応じて株式を売却し，投下資本を早期に回収することができる。株式上場のメリットは，株主に流動性を与え，この付加価値により企業資本の価値を高めることに成功している。

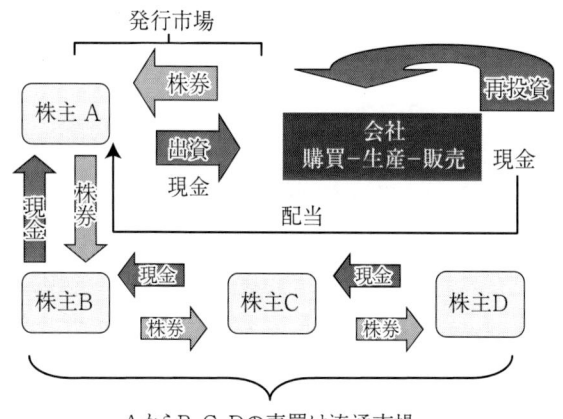

図 5-1　株式会社と証券市場

株式を小口に分割することで，投資家は多数の銘柄に分散投資することが可能になる。分散投資によるリスク削減効果は，株式価値を高めることと表裏一体の関係にある。株主の有限責任と証券化により，株式会社の資本調達コストは低下し，企業資本の価値を高めることに成功したのである。

　不特定多数の株主が投資する大企業では，株式は多数の投資家に分散化し，議決権行使に影響力をもつ株主が少なくなる。投資家は金融商品としての価値に関心はあるが，経営に直接関与しようという投資家は少なくなる。特定の事業や商品に関する知識と個々人の貯蓄が無関係であるとすれば，こうした状況は当然であり，むしろ歓迎すべきである。所有と経営の分離が進めば，株主には経営の専門家を選別する能力も求められなくなる。所有と支配の分離が進行することになる。支配権の行使に関心があるのは，M&Aを実施する企業やファンドなどの機関投資家であり，それらの主体はいずれも経営者である。経営者は，所有権を背景にした支配力を行使するのである。

　企業経営に関する株主の関心や影響力の低下にかかわらず，経営者の説明責任は大きくなる。株式会社という制度は，資本調達の範囲を拡げ，企業規模の拡大を容易にした。しかし，そうした制度設計を利用して，希少な資本を無駄な事業に費やすとなれば，社会的浪費であり，投資家の資本価値を損なうことになる。過去の業績を開示し，新たな事業戦略を示すことで，資本利用の正当な権利が付与される。過去の業績が悪く，未来のビジョンがない経営者に資本を委ねるとすれば，それは社会を破滅に導く行為である。

　企業は，できるかぎり外部からの資本を集める仕組みを工夫し，資本調達を容易にすることで成長を享受できる。個人が利用できる外部資本は，個人の信用に制約されている。家族や友人などは，企業家個人の信用に基づき資本を供給する。合名会社や合資会社は，こうした他人の貯蓄を自己の資本として結合する仕組みであり，本来返済すべき他人資本を返済義務のない自己資本にするための制度的工夫である。株式会社は，不特定多数の投資家の貯蓄を自己資本化する究極の仕組みである。

(3) 株式会社と資源配分

　すべての企業の資本調達は，家計の貯蓄を原資としている。所得から消費を控除した残額が，将来に利用可能な資源である[iv]。家計の貯蓄は，フローとストックに分けられる。フロー概念は，新たに発生した所得からの純貯蓄であり，企業の新たな投資活動に利用される。ストック概念は，すでに投資された過去の資本形成部分である。したがって，ストックとなっている貯蓄は，すでに具体的な活動となって利子を稼いでおり，新たな投資活動には向けられない。

　ストックとしての貯蓄は，金融資産として評価されている。家計は，株式や銀行預金，社債などの形態で，家計貯蓄を保有する。貯蓄の具体的な運用は，企業の工場や機器備品，店舗，研究開発などに支出され，有形・無形の資産として運用されている。銀行の金庫や証券会社に現金として保管されているわけではない。

　新たな所得から生み出された純貯蓄が，新たな投資活動に利用されなければ，既存の金融資産や土地，絵画などの資産に投資され，資産インフレを起こすバブルの源泉となる。流通市場で売買される有価証券の価格が高騰しても，配当や利息の増加が望めないため，利子率は低下する。所謂（いわゆる），金余りの現象である。

　反対に，企業の投資意欲が活発であれば，株式や社債が発行され，純貯蓄を吸収する。流通市場の売買に加えて，発行市場での取引が増加する。新たな資本が形成されるのは，魅力的な投資機会が発見されるからである。それは，既存の金融資産の利回り（利子率）を上回る投資機会の発見を意味する。既存の金融資産が売られ，新しい金融資産が買われる。これは，新旧資産の資源配分問題である。純貯蓄の流れるべき産業や事業を発見し，資源の最適配分を担うのは金融資本市場の役割である。優れた経営により，将来の経営資源を確保できる企業は価値を高め，将来性のない企業の価値を低下させる。具体的には，株式市場における株価の動きが，個々の企業の資源配分に関与する。

　株式会社は，こうした資源配分問題を円滑に行うための企業制度であり，金融資本市場の資源配分機能を最も効率的に遂行する企業形態である。もちろん，

株式市場を含む証券市場の制度設計は，株式会社制度と相互補完的関係にあり，一方の制度のみが発達しても意味がない。株式市場が存在しなければ，株式発行は特定の投資家を対象とした相対(あいたい)取引になり，余剰資金を有する投資家を発見して，株式価格の交渉をすることになる。株式価格は交渉に委ねられ，立場の強い交渉相手が価格決定権をもつ。株式会社という制度がデザインされても，交換相手の探索，交渉，そして売買契約の成立といった取引コストの負担が大きければ円滑な資源配分はできない。取引コストを削減するための市場を設計しなければならないのである。

株式市場の整備は，資源配分という重要な使命をもつが，それは個々の投資家の投資コストを引き下げ，投資価値を高めることにむすびつく。株式上場による流動性の確保は，株式の価値を高めるのである。株主が要求する報酬が低下すれば，その他の資本供給者への報酬可能額が増加する。同様に，債券市場や金融機関における流動性の確保は，債権者の要求する報酬を引き下げる。それは，株主の報酬可能額を増大することにつながる。

このように，金融資本市場における取引コストの低下は，資本供給者に対する報酬を増加させることができる。しかし，取引コストの削減は，金融資産の価値を高めるだけではない。企業資本のコスト低下は，その他の生産要素に対する報酬を引き上げる。資本が相対的に余剰となれば，労働に対する報酬や地代が増加することになる。これは，生産要素間の資源配分問題である。

(4) 株式会社の資本調達

株式会社が稼ぎ出すキャッシュフローは，事業の種類や規模，経営者の管理能力などに依存する。諸種の生産要素の結合方法により売上予想額が決まり，実現した売上が企業活動に関わるステークホルダー間に分配される。投資家に還流する報酬は，このキャッシュフローの分配方法により決まる。逆説的であるが，投資家が所有する金融資産の価値は，この分配契約に基づくキャッシュフローに依存することになる。

1）株式発行

　株式発行は，企業の自己資本調達である。新株を発行し，株式発行市場で不特定多数の投資家より資本を調達する。企業外部からの資本調達であるため，外部金融である。新株の購入者は株主となり，企業の所有者となる。企業には第三者の他人資本を返済義務のない自己（株主）資本として運用する権利が与えられる。株式発行による増資は，株主が自らの資本供給先を認識し，企業と直接的関係を有するため直接金融とよばれる。

　株主は株主総会に出席し，経営に参加する権利を有する。経営参加の主要な目的は経営者の選任であり，選任した経営者を介して将来キャッシュフローの多寡に責任を負うことになる。その責任は有限ではあるが，受け取ることのできるキャッシュフローは残余所得であり，ゼロから無限大の範囲に分布する。

　売上収入から，取引先企業への支払いを済ませ，従業員の給与や利息を支払い，最後に残余がある時に株主の所得となる。売上は，さまざまな環境変化により変動するため，事前に約束された固定的支払いがあれば，その大きさに比例して株主の所得は変動する。固定的支出は，株主所得の変動要因であり，株主のリスクとして認識される。リスクが大きければ，株主の資本コストは高くなる。会計的な固定費と変動費の分解による損益分岐点分析とは別に，キャッシュフローをベースとした固定的支出と変動的支出の分解によるリスク分析が必要となる。それは企業の構造分析である。

　特定企業の構造分析は重要であるが，多数の株式を購入すれば所得の安定化に貢献することになる。株式分散投資によるリスクの削減効果は，資本コストを低下させ，企業の資本調達は容易になる。

2）負債による資本調達

　負債は，返済義務のある他人資本である。負債による資本調達は，デッド・ファイナンス（debt finance）と称され，企業外部から資本を調達する外部金融である。資本提供者は債権者になり，資本調達者は債務者になる。その典型は，銀行からの借入れである。借入額と返済期間および利息などの返済条件を決め，

元本と利息の返済が義務付けられる。銀行からの融資は，預金者の家計貯蓄を原資とするが，家計は自らの資本運用先を認識しておらず，銀行に委ねていることから，間接金融に分類される。

特定の銀行との間に長期継続的な取引関係をもつことで，企業は日常的な運転資本の借入れが容易になる。その理由は，長期の取引関係を通じて，銀行は企業の内部情報を所有し，審査などの取引コストを節約できるからである。必要な時に必要な額を調達できる関係構築は，投資機会のタイミングを逸することなく，効果的な投資を実施する上でも重要である。

社債は借入金と同じく，元本の返済と利息の支払いが必要な他人資本である。株式と同様に，証券化された社債券の発行による資本調達は，比較的広範な投資家を対象としている。投資家は社債の発行企業を認識しているため，直接金融に分類される。

元本返済と利息の支払いが必要なデット・ファイナンスは，長期のプロジェクトやリスクの高いプロジェクトに際して困難な問題を生じる。プロジェクトの完成と収入の実現に長い時間を要する場合，その期間中の返済計画を策定しなければならない。プロジェクトからの収入が実現しないうちに，利息と元本償還が始まるとすれば，追加の資本調達が必要になる。また，一定額の支払利息が発生するため，収入の変動幅が大きなプロジェクトには適さない。

3) 新株発行を伴う資本調達

新株発行を伴う資本調達をエクイティ・ファイナンス（equity finance）と称する。先に説明した直接的な新株発行に加えて，新株予約権付社債による資本調達がある。これは株式を一定条件で取得する権利をもつ社債で，従来の転換社債やワラント債とよばれたものが含まれる。いずれも，外部金融であり，直接金融に分類される。

投資家の多様なニーズに応える金融商品の開発は，より多くの投資家を募る手段であり，企業の資本調達コストを引き下げる効果が期待できる。しかし，企業のビジネスが生み出す将来キャッシュフローの大きさやリスクは変化しな

い。各企業は，さまざまな金融商品を開発するが，他の企業も同様に開発できるとすれば，投資家全体の資本コスト低下に寄与しても，個別企業に有利に働くとは限らない。

4) 内部金融

　企業は，外部に依存せず，自らの事業活動を通じて資本を調達できる。これを内部金融と称する。売上などの形態で企業に還流するキャッシュフローは，将来のキャッシュフローを稼ぐ目的で再投資される。現在の収入を上限とするため，大規模なプロジェクトの資本調達はむずかしいが，日常的な運転資本への投資や現状を維持するための取替投資が行われる。

　内部金融は，内部留保と減価償却費に大別される。前者は，企業の利益からの資本調達であり，減価償却は既存資産の資本回収である。内部留保は，株主に帰属する利益を配当せずに企業に再投資するものである。それは，利益を全額配当として支払い，同時に，株式市場から同額を新株発行増資で賄うという行為と同じである。配当支払と新株発行は，それぞれに取引コストが発生するため，内部留保は取引コストの削減に役立つ。

　内部留保が株主利益の再投資である以上，株主価値の増加に寄与しなければ無意味である。専ら現金預金の増加に対応しているとすれば，自己株取得か配当として，株主に返還すべきである。株主は，金融資本市場における多様な投資機会を有しており，自らの機会費用を鑑みて投資先を選択している。この選択権を行使させないのであれば，現金預金での運用は回避しなければならない。取引に必要な安全性を確保した上で，経営者は投資家の機会費用を考慮した意思決定が必要となる。しかし，ここには経営者や従業員の利害と株主の利害対立問題が潜んでいる。

　減価償却は，資産取得を借入金で賄う場合の元本返済額に相当する。利息は，資産運用で稼ぐ債権者の利益部分である。減価償却として還流するキャッシュフローを借入金の返済に充当し，返済終了時点で耐用年数を迎えた資産を更新するために再び借入れを行う。したがって，減価償却は，現状の資産を維持す

るための再投資資金と考えられるのである。

5) 企業間信用

　企業間信用は，中長期的な企業間取引により培った信用をテコに企業間で運転資本を融通する短期金融である。具体的には，手形取引や掛取引である。信用を供与する企業は，受取手形や売掛金といった短期の売上債権をもつが，この資本は自ら調達しなければならない。貸借対照表の借方に記載される売上債権は，自ら調達した貸方の負債および純資産により賄われているのである。

　他方，信用を供与される企業は，支払手形や買掛金という買入債務をもつ。これは，他企業の調達した資本を利用し，原材料の購入や商品の仕入れ代金を後払いにすることで，自社が準備すべき運転資本を節約することになる。企業間信用により，資本は効率的に利用されることになる。

　以上のことは，企業間信用における債権者と債務者の立場を理解する上で重要である。債権者は資本供給者としての立場にあるが，販売した財・サービスの代金を即座に回収できない状況にある。回収期間が長期化すれば，代替的な投資機会を失うこともある。他方，債務者は，資本需要者として，購入した財・サービスの支払いを猶予してもらえる立場にある。支払い時期を延期できれば，その期間中に生産および販売活動の機会を得ることができ，資本を有効に活用することができる。一般に，強い立場にある企業は，現金の支払いを先延ばしでき，弱い立場の企業は現金の受け取りを待たされることになる。

　こうした売上債権や買入債務と企業資本の関係を検討することは重要である。売上債権を有する企業は，金融資産として運用していることになる。貸方に買入債務がなければ，売上債権は，銀行借入などの有利子負債と株主が供給した純資産を資金源泉としていることになる。買入債務は，他企業が供給する資本である。流動負債であるから，短期間の資産運用が可能である。この資産運用により追加の所得が発生する場合は，その価値は最終的には株主の資本価値に反映されることになる。

　売上債権＞買入債務であれば，売上債権の超過部分は，自社の準備した資本

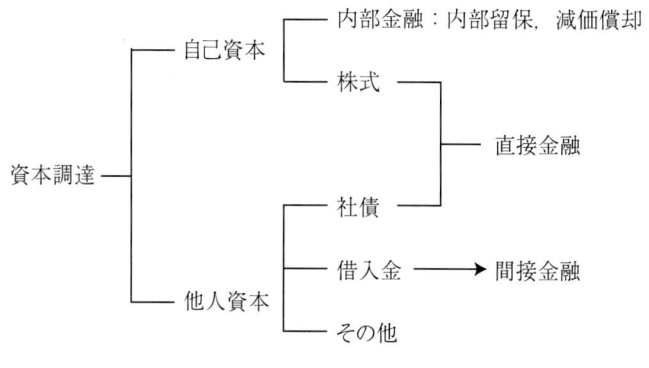

```
                    ┌── 内部金融：内部留保，減価償却
         ┌── 自己資本 ──┤
         │          └── 株式 ──┐
資本調達 ──┤                    ├── 直接金融
         │          ┌── 社債 ──┘
         └── 他人資本 ┤
                    ├── 借入金 ──→ 間接金融
                    └── その他
```

図 5-2　資金調達の種類

で短期金融資産を運用していることになる。売上債権＜買入債務であれば，自社の資産運用のために他社の資本が利用されていることになる。いずれの場合も，その評価は株主価値に反映する。したがって，企業価値の評価に際しては，買入債務を除外して，その他の負債と純資産の市場価値を評価することになる。社会全体の視点でも，買入債務は，他社の売上債権として評価済みであるゆえ，これを二重計算すべきではない。

　企業間信用は，企業間の支配構造を示唆している。それは株式の相互持合いや役員派遣などを介した企業グループや企業集団などの支配構造にかかわり，資本と経営者の利害対立を議論する場を提供している。

(5)　株主と経営者の利害調整

　ファイナンシャル・マネジメントの研究領域は，企業の資本調達と運用である。この資本調達と運用を結びつける概念は資本コストであり，その視点は資本市場における投資家にある。とりわけ，株主資本コストに着目するとなれば，株主視点による議論となる。資本調達という視点で議論する以上，主要な資本供給者の利害調整が中心課題になる。なかでも株主と経営者の利害調整は，企業の資本調達における重要課題である。

企業の経営者は，株主から選任された専門経営者であり，株主（プリンシパル）の代理人（エージェント）である。したがって，株主重視経営は，その法律的な株式会社のフレームワークからは明確である。しかし，経営者は，自然人である以上，自己の目的をもち，その目的が達成できねば，株主の代理人になろうとはしない。そのため，株主と経営者の間には利害対立が存在する。このようなプリンシパルとエージェントの利害を一致させる費用を，エージェンシー・コスト（agency cost）というv)。

　経営者自身の目的は，経営者所得の最大化や名誉・名声，やりがい，支配欲等，所得以外の多様な効用最大化にある。それは，株主の富とは直接的には関係しないが，代理人としての仕事を達成しなければ，経営者としての資格を失う。経営者の仕事は，事業を構想して，これを実現するための組織をつくり，事業活動からキャッシュフローを生み出すことである。この一連の活動プロセスで，企業を取り巻くさまざまなステークホルダーの利害を調整しなければならない。この調整こそ専門経営者の経営管理技術である。

　株主は，経営者が代理人としての職責を果たしているか否かを監視しなければならない。モニタリング・コスト（monitoring cost）は，エージェントの利益相反的行動を監視するコストであり，エージェンシー・コストの構成要素である。具体的には，監査役や社外取締役などに支払われるコスト，そのための組織設計や組織の維持に必要な諸費用である。

　他方，経営者は，自らがその地位にあり続けるために，株主の信頼を得る努力や，経営者としての正当性をアピールすることが必要となる。これは，ボンディング・コスト（bonding cost）と称される。経営者による情報公開のコストは，その一部がボンディング・コストである。エージェンシー・コストは，モニタリングとボンディングのコストに，代理人を利用することにより発生するその他の諸種のコスト負担（residual cost）を加えたものである。

　所有と経営が分離する株式会社では，多くの場面でエージェンシー・コストが発生する。株主は企業の所有者であるが，企業の業務を担当する必要はない。当該企業との雇用契約がなければ，株主の所得源泉は，出資に対する配当収入

である。企業組織に所属し，事業活動に従事しないため，組織の内部者としては位置づけられない。組織の外部者として企業を評価し，資源利用の効率性を判断する第三者的な地位にある[vi]。株式を売却すれば，簡単に所有者としての地位を失い，企業とのつながりを絶つことができる。株主は株式の売買で利潤・損失を確定し，企業との関係を清算できるのである。

他方，経営者は，形式上，株主の代理人という立場にあるが，自らの経営ビジョンを有し，その実現のために株主から資本を調達している。それゆえ，経営者という自然人格を目的主体とすれば，株主からの資本調達は，経営者のビジョンを遂行するための手段となる。株主の富最大化は，経営者の目的達成のための手段として位置づけられる。

1人の経営者が，自然人として企業を経営し続けるのであれば，その成否は自らの生涯所得にむすびつく。経営者をその人格から切り離し，経営機能の担い手と位置づけた場合でも，事業戦略の策定や組織の設計など，経営者の仕事は，一定の時間を必要とする。目的を掲げれば，その結果が一定の期間を経過して実現する。目的設定から，実現した成果に至る時間は経営者を企業組織に拘束することになる。経営者の評価に時間が必要であるとすれば，株式の売買のような清算はむずかしく，従業員と同じく生活のための報酬が必要となる[vii]。

これに対して，株主の投資は流動性を与えられている。経営者の目的が実現されるか否かを確認せずに株式を売却できる。しかも，分散投資によるリスク削減効果は，個別企業への関与の程度を低下させる。

こうした株主と自らの経営能力を簡単には流動化できず，その所得源泉を分散化できない経営者の立場は，企業の外部者と内部者という視点を有する。外部者としての株主は，資源配分の視点から，投資の比較対象として，業種を超えた多様な視野で企業を観察する。特定の企業情報に関心をもつのではなく，常に企業を相対的に評価しようと心がける。内部者である経営者は，同業種の情報が中心となり，直接的な顧客や競合企業との関連情報にウエイトを置く。

本来は，株主も経営者も企業社会を鳥瞰し，産業構造や将来の社会環境を考

慮しつつ、特定産業内の競合企業や顧客動向、生産要素市場の動向を分析しなければならない。しかし、人間が認識する世界は、自らの関心領域に限定されるものである。特定事業領域への関与が高まれば、視野が狭くなる傾向になる。発想の転換や創造的破壊とは、こうした認識を打破することでもある。両方の視点を有する株主や経営者は、より適切な意思決定を行えるであろう。

　一般に、株主と経営者の間には情報の非対称性が存在し、株主は、経営者の有する内部情報を十分に入手できていない。そのうえ、多くの株主は経営の専門家ではない。そのため、情報が完全に伝達されている場合でも、事業の目的や戦略、組織設計などに関して適切な評価を下せるわけではない。経営者が熟慮のうえ策定した経営戦略を評価できず、誤った資源配分をする可能性がある。

　経営者は株主の代理人であるが、経営者が自らの経営戦略を実施するためには、株主との間にある情報の非対称性を取り除き、共通の情報理解ができるよう投資家向けの関係構築が必要になる。いわゆる、IR（Investor Relations）である。IRはボンディング・コストであるが、このコスト負担が企業価値増加に貢献できる限り必要なのである。

　投資家は、経営者の能力を評価する努力が必要になる。経営者の掲げるビジョンや戦略を評価し、適切な質と量の経営資源を供給する必要がある。経営者の報酬と株主の利益に対立が生じるのは、経営者により提示されたビジョンや戦略が評価されないためである。あるいは、戦略が評価されても、これを実行し、実現する能力に欠けていると判断されれば、株主は経営報酬を高いと判断することになる。

　これらの戦略や実現可能性が高くとも、IRに失敗があれば、株主と経営者は衝突する可能性をもつ。評価されるべき経営能力が正しく評価されないのは資源のミスアロケーションに導く。蓄積された経営能力が、無形資産として評価されるためには、経営者によるIR活動が必要なのである。

(6) 株主と従業員の利害調整

　株主と従業員の利害衝突は，所得分配にある。売上の変動に応じた雇用や給与制度であれば，株主の所得は安定する。しかし，従業員の生活が，企業の売上収入に左右されるとなれば，その生活設計は不安定となる。ここに株主と従業員の利害衝突がある。

　配当を減らして，従業員の雇用を守るという選択は，それが一時的な時間稼ぎであれば株価を引き下げる。期待された給与や配当がカットされたり，支払われないとき，資本と労働の対立が図式化される。従業員の解雇による株価の上昇が期待されるかもしれない。雇用を維持することでキャッシュフローが枯渇すれば倒産に陥り，株主のみならず，すべての従業員が所得源泉を失う危険に直面する。過去に，多くの利益を稼ぎ，内部留保が潤沢にある企業でさえ，現金の貯えが少なければ，キャッシュフローは維持できない。現金預金を貯えていた企業は，過去に報告した株主に帰属する所得（各期の純利益）を株主から奪い，従業員に移転することになる。

　企業の稼ぎだすキャッシュフローが経営資源に支払うべき報酬よりも小さければ，資本と労働の分配問題は対立関係しか存在しない。そのような企業が雇用を維持することは，資源の浪費であり，企業価値を毀損させるだけである。経営者は，こうした事態に陥らないよう，将来の売上と経営資源のバランスを考慮した経営に努めねばならない。

　企業活動は，常に支出が収入に先行する。経営者に事業計画があれば，従業員の雇用は一種の投資活動である。今期に費消する費用ではなく，既存の事業の再構築や新たな事業活動の準備としての支出となる。従業員は，仕事のノウハウを習得し，熟練度を高め，人的資本として無形資産を形成する。リストラを繰り返さねばならないような企業は，優秀な人材が集まらず，人的資本は毀損していく。それは株主価値の毀損でもある。

　従業員と株主の対立は，経営者の失敗を原因とするものであり，株主にも従業員にも損失をもたらす。経営の成功は，株主と従業員に利害対立を生じさせ

ない経営である。株主は対立を好まない。将来にわたり従業員の雇用を守れる企業は、魅力的な投資機会を探索する能力をもつ企業であり、株主が進んで投資する企業である。経営者が残余所得の最大化に努めれば、株主所得を最大化するだけでなく、従業員の利害も調整することになる。

(7) 債権者と株主、新旧株主の利害調整

株主と債権者の間にも調整すべき利害問題が存在する。これは、負債のエージェンシー・コストとして論じられる。株主は、有限責任ゆえ、損失に下限があり、利益は無限に期待できる。そのため、ハイ・リスク＝ハイ・リターンの投資を選好する。他方、債権者は元本回収と約定利息以上のキャッシュフローを期待できないため、ロー・リスク＝ロー・リターンの投資を選好する。

投資プロジェクトの失敗は株主のみならず債権者にも及ぶため、株主は債権者にリスクを転嫁することになる。しかし、債権者が自らの不利益を予測すれば、債権価値は低下し、負債のコストが上昇して、株主価値を低下させることになる。すなわち、株主の資本コストを上昇させることになる。株主の有限責任というメリットに対して株主はコストを負担していることになる。また、経営者の監視や負債契約などにより、債権者が防衛的な行動をとるとなれば、そのコストは負債のエージェンシー・コストとなり、企業価値を引き下げることになる。

一方、企業の負債利用は、経営者の自由裁量の幅を狭くする。経営者が負債を積極的に利用するのは、非効率な経営を行わないことを株主にアピールするものと解釈される。これはエントレンチメント（entrenchment）・アプローチである[viii]。株主にとって、負債利用は経営者のエージェンシー・コストの削減に資するのである。

エージェンシー理論では、株主間のエージェンシー・コストも問題となる。新株発行増資は、既存株主と新規株主の間で利害対立を生じる[ix]。既存株主は経営者と同じ情報を有し、資本市場における投資家との間には情報の非対称

性が存在すると仮定する。真の企業価値を知る経営者は，株価が過大評価されているときに，新株発行増資を行い，既存株主の富を高めると同時に投資計画を実施する。他方，過小評価されている場合には，新株発行による既存株主の持分が希薄化するのを避けるため，投資計画を実施しない。

したがって，将来キャッシュフローの市場評価が過大であるときに新株が発行され，魅力的とはいえない投資計画が実施され，過小評価の場合には，経営者による将来キャッシュフローの期待が大きくとも，魅力的な投資計画が実施されないことになる。本来実行されるべきでない投資が実施され，実施されねばならない投資が棄却されるということは，情報の非対称性による企業価値の毀損である。

(8) 顧客と株主の関係

顧客は，自ら生産できない財やサービスを購入するために企業と取引する。分業経済は，得意な分野（比較優位）へ特化し，企業は選択と集中を心がける。競合他社と比較して，コストに相応しい財・サービスが販売できない場合は退出を迫られる。顧客が選択する財・サービスを提供できない場合は，所得を得ることができず，ステークホルダーへの所得分配ができない。とりわけ，最終的残余所得の請求者である株主の所得は保障されない。それゆえ，株主の富を高めるためには，徹底した顧客志向が求められる。顧客が望む財・サービスを，顧客が支払える価格で提供することが要求されるのである。

顧客志向は，現在の顧客のみを対象とするものではない。むしろ，将来の顧客を予測することが重要である。企業が提供する財・サービスは，すぐに生産できるものではない。いかなる財・サービスも，顧客の手元にわたり，消費されるまでに，生産の準備期間と生産および販売活動の時間を必要とする。技術進歩は，顧客のニーズを変化させ，顧客自身が知らない財・サービスを生産させる。顧客は，将来の財・サービスが現在とは異なるものになることを承知しているが，それがいかなるものであるか皆目見当がつかない。

すべての顧客は，家計の消費者にむすびつく。企業と企業の取引は，最終的な消費財につながるからである。それゆえ，中間財を生産し，販売する企業も，これを購入する企業も，最終的には家計の消費動向を予想しなければならない。しかし，環境変化が激しい社会では，将来にわたる生産と販売の計画を策定できない。消費者自身が，明日の消費計画を確実に策定できないためである。

　株主は，こうした顧客に代わり，将来の財・サービスを生産するための資本を供給する。すべてが顧客による注文生産であれば，企業はリスクを負担しない代わりに，世の中の進歩はない。顧客が知る財・サービスは，現状の知識であり，将来の知識ではないからである。社会を発展させるためには，リスクを負担する経済主体として株主が必要なのである。したがって，株主重視経営とは顧客重視経営であり，現在および将来の社会を豊かにする経営目標なのである。

(9)　株式会社という考案物

　本章で論じた企業形態や資本市場，そしてエージェンシー理論やエントレンチメント・アプローチは，いずれもコーポレート・ガバナンスの議論に関わる。コーポレート・ガバナンスは，多様な議論を含む。たとえば，「企業の定義や目的」「企業の支配者やコントロールの主体」「目的達成の仕組みや方法」「経営者の規律づけ」などをテーマとする。これらはファイナンシャル・マネジメントの視点で論じると，「企業価値を最大化する資本調達の仕組み」となる。資本調達を円滑に行い，投資家の負担を軽減することは，資本コストの最小化であり，それは企業価値最大化と同義である。

　株式会社という企業形態は，資本調達を容易にするための考案物である。資本市場という制度をつくり，不特定多数の投資家が株式会社に出資できる環境を作った。資本を運用する経営者と資本供給者の間には，情報の非対称性が存在する。この問題を解決しなければ，投資家のリスクは高止まりする。監査役制度や会計監査，外部取締役などの多様な仕組みに加えて，経営者自身の積極

的な情報開示が，情報の非対称性に基づくリスク最小化の試みである。それは，企業に投資しやすい環境を整備することであり，資本コストを最小化し，企業価値を最大化するための環境づくりである。

専門経営者の仕事は，企業価値を高める戦略を選択し，これを実行することにある。企業価値を高め，株主の富を最大化するエージェントを選択するのは，株主にとって最も重要な仕事である。すなわち，企業への出資とは，企業戦略への出資であり，価値のある仕事を選び出すことであるが，それは信頼できる経営者を選ぶことでもある。

株主は，経営者が提示したミッションやビジョン，そして，これを実現するための戦略を評価し，出資する。その投資行動は，国民が選挙により政治家を選ぶことに類似する。所有と経営が分離する株式会社では，株主の代わりに経営者が企業を経営する。政治家が立候補し，選挙演説を行い，相応しいと思える立候補者に投票するように，経営者による起業とIRなどが投資家からの出資を募る重要な要素となる。経営者が信頼できなければ，株主は，その企業の株を購入しない。換言すれば，投資家が資本を供給する際に最も重要な情報は，経営者に関する情報なのである。

企業には道具としての役割がある。役立たない道具であれば価値はない。道具としての価値を最大限活かすには，道具そのもののあり方や使い方を検討しなければならない。企業という道具に価値が見出せないようでは，資本調達の仕組みを分析してもはじまらない。肝心なことは，経営者が示す仕事そのものである。社会の発展に資する経営者の仕事を発見し，そこに資源を配分するための構造を構築することがファイナンシャル・マネジメントの役割である。社会の目的に整合することで，ファイナンシャル・マネジメントは社会科学としての地位を与えられるのである。

資本調達方法の制度や仕組みが資本価値を高めることを論じた。株式会社では，企業内外の環境変化が株価に反映され，企業資本の価値変化をできるだけ敏感に捉える制度設計を構築している。株式会社と金融資本市場の制度設計により，資源配分の機能が効率化されたのである。もちろん，その仕組みや制度

は完成されたものではない。常に，新たな制度設計のための見直しが必要である。会社法や金融証券取引法が改正されるのは，社会経済が変化のプロセスにあるためである。

注

i) 基礎科学は，それが如何に重要な分野であるとしても，民間企業は積極的に関与しにくい。しかし，実践的な応用科学などは多くの民間企業が関与し，製品開発などに活かされている。

ii) これは，同一制度を利用する場合の調達手段の相違とは異なる。同一制度内における議論は，資本構成の問題として後述する。

iii) 一般に，企業に勤める従業員を社員とよぶが，合名会社や合資会社では出資者を意味する。株式会社における社員は，株主である。

iv) 政府や海外貿易は無視しているが，政府の活動を民間企業と置き換え，世界をひとつの社会とみなせば，基本的原理は同じである。

v) Jensen, M. C. and W. H. Meckling (1976) は，株主と経営者の間のエージェンシー・コストを論じている。

vi) 株主を企業の内部者として議論する場合もある。たとえば，債権者との対比で議論する場合，株主は債権者に対して相対的に多くの内部情報を有すると考えるためである。

vii) 経営者に対する認識は，社会により異なる。米国的経営と日本的経営では，経営者市場を含めて大きな違いがあり，株主と経営者との利害関係も異なる。株主と同じ利害をもって，ハイ・リスク＝ハイ・リターンの投資政策を採択する社会は，従業員の昇進・昇格ポストとされる日本的経営者とは異なるモデルとなる。

viii) 株主は，経営者の機会主義的行動を規律付けるためにさまざまな手段を講じるが，経営者は，こうした手段への抵抗力を強化する。この経営者の抵抗力は，経営権を強固にするものであり，これをエントレンチメント（entrenchment）とよぶ。エントレンチメント・アプローチでは，株主の利益追求と経営者のエントレンチメントが比較される。エントレンチメント・アプローチに関しては，Zwiebel, J. (1996) および花枝英樹 (2002) を参照せよ。

ix) Cf., Myers, S. C. and N. S. Majluf (1984)

第6章　株式会社の利潤・損失

(1)　資本コストと利潤

　第2章で論じたように，利潤という言葉には，正常利潤と超過利潤という2種類がある。それは，会計上の利益概念とも異なる。ここでは，最初に資本コストと利潤の関係を再度確認しておくことから始める。

　資本コストは，投資家が要求する正当な報酬である。資本供給は貯蓄であり，消費を延期する行為に対して耐忍の報酬が発生する。この報酬が確保されることで，将来の消費のための準備をすることができる。すべての家計が所得の全額を現在の消費に充当するとなれば，社会は現在の消費財生産にすべての資源を投入することになり，将来の消費を目的とした生産活動には資源が回らない。

　他方，資本を需要する事業活動は，生産活動を通じて所得を生み出す。この所得が生産要素の報酬として分配される。期待される所得が，投資家の要求する報酬以上であれば，企業は資本を調達し，事業活動が実施されることになる。資本需要の多寡は，生産活動から期待される所得の大小に依存する。

　資本市場の需要と供給により，資本の価格である利子率が決まる。市場利子率が決まれば，誰もが市場利子率で資本の運用と調達ができる。それゆえ，市場利子率は，消費を延期する投資家の機会費用となり，企業が事業活動をする上で最低限稼がねばならない利益率となる。これが資本コストの概念である。

　資本コストは，投資家の時間選好のみならず，リスクに対する報酬でもある。不特定多数の投資家がリスクを評価し，リスクに対する価格を形成する。これがリスクプレミアムである。投資家は，高いリスクに多くのリターンを要求し，低いリスクには少ないリターンで満足する。

　したがって，資本コストは投資家のリスク調整後の機会費用であり，投資家

が要求する必要最低利益率である。それは，同時に企業が稼がねばならない利益率である。投資家の存在を容認し，その役割を重視するのであれば，資本コストは正当な所得であり，正常利潤という概念を構築する。

しかしながら，われわれの社会は不確実性に支配されている。資本コストが正当な報酬であるとしても，その所得は保証されたものではなく，多くの企業の競争的な事業活動のなかで奪い合い，競争に勝ち残った企業が実現できる所得なのである。競争プロセスでは，資本コスト以上を稼ぐこともあれば，それ以下の所得しか実現しないこともある。投資家は，策定された事業戦略に期待するが，戦略のすべてが期待通りになることはない。むしろ，期待と実現は乖離するものであり，期待を下回るとき，すなわち，資本コスト以下の所得の実現は，投資家の損失を意味し，期待以上の成果は，資本コストを上回る利潤の実現となる。

この資本コストを超える所得が超過利潤である。利潤概念は，資本コストを含む場合もあるし，超過利潤のみを指すこともある。会計上の利益概念は，資本コストとは無関係に，収益と費用の差額が利益として計算される。ファイナンシャル・マネジメントの利潤概念は，資本コストを基準に測定される。

完全競争市場では，コスト（犠牲）に見合ったリターンしか稼げないため，超過利潤はない。市場を機能させるということは，超過利潤を消滅させるような自由な参入を促すことである。企業が利潤をもたらすような投資機会を探し，この活動により社会は発展するが，この発展過程で市場は利潤を消滅させるように働くのである。これが市場による資源の配分機能である。

(2) 冒険商人

1) 単一期間モデル

ここでは，1航海を1期間（1年間）とする貿易事業の投資価値を問題とする。中世の冒険商人が貿易事業の1航海に1,000万円を募集するとしよう。1口10万円で100人の投資家を集める計画である。募集に応じた投資家には，株券が

渡され，その券面に 10 万円と記されている。もちろん，券面に記された金額（額面）は，意味をもたない。券面の金額をいくらにしようと，事業の価値とは無関係である[i]。

現在の投資額は，船をチャーターするコストと海外で販売する商品を購入するコスト，それに航海中の船員の生活費（主として食料）である。その金額が 1,000 万円であり，貿易事業をするためには先払いが必要である。この事業は 1 航海の終了により清算され，1,500 万円になることが期待されている。貿易の売上代金から船員の賃金やその他の諸経費を控除して，募集に応じた投資家に残る金額が 1,500 万円と期待されているのである。

期待される 1,500 万円は，1,000 万円の貯蓄に対する時間選好とリスクにちょうど見合った報酬である。投資家にとって，期待される金額が不足していると考えれば 1,000 万円は集まらないし，必要以上であると評価すれば 1,000 万円以上が集められる。

いずれにしても，1 年後の予想は投資家の期待であり，確実なものではない。現在の段階では，投資家は現在の 1,000 万円と 1 年後の 1,500 万円が等しい価値であると判断している。それゆえ，投資家の資本コストは以下のように 50％ ということになる。十分な所得水準が確保されていない中世の時代，消費の耐忍に対する報酬は高く，海外での商品販売リスクや海賊，航海中の事故等の可能性を考慮し，リスクプレミアムも高くしている。

$$1,000 \text{万円} = \frac{1,500 \text{万円}}{(1+0.5)} \qquad ①$$

しかし，海賊に対する護衛や気象予報のシステムの整備，船舶の技術開発などでリスクが低下すると，期待リターンが少なくても資本は集まる。1,250 万円の期待リターンに対して 1,000 万円が集められるとなれば，資本コストは 25％ に低下したことになる。

資産評価モデルの問題を繰り返すが，将来キャッシュフローを予測して，資本コストで現在価値に割り引くというのは説明の手段である。こうした冒険商人の提案する事業計画に，投資家が応募し 1,000 万円の資本が調達できたとい

うことである。投資家のなかには，1年後のキャッシュフローを3,000万円に予想し，その上で1,000万円までしか出せないと考えている投資家もいたであろう。彼は，200%の資本コストを要求していたことになる。あるいは，1,300万円のキャッシュフローを予想して出資した投資家もいたかもしれない。彼の資本コストは，30%になる。多様な思惑をもつ多くの投資家が，この事業提案を評価し，釣り合いが取れたのである。

　しかし，この段階では将来のキャッシュフロー予想も資本コストも不確かなままである。時間の経過により，予想されたキャッシュフローが実現されるなかで両者の関係が次第に明らかになってくる。

　初期の投資額，すなわち，必要な資金1,000万円と事業の投資価値が一致することは稀である。会社を興す起業家は，自らの出資した金額以上の価値を事業に期待するのが普通である。しかし，ここでは便宜上，現在の投資額とこの事業の投資価値が一致していると仮定する。それは，①式のような状態であり，貸借対照表の資産総額と企業の市場価値の一致でもある。

　船が貿易先の港を出た段階では，売上金額が確定しており，投資家の受け取るキャッシュフローの上限が決まる。商人の港に着くまでに，船の座礁や海賊に遭遇しなければ，投資家のキャッシュフローが確定する。

　航海を無事終了し，予想通り1,500万円を手に入れることができれば，清算時点の価値は1,500万円である。投資家は実際に1,500万円を手にいれ，元本1,000万円と利益500万円を獲得して，事業は清算される。資本コスト通りの収益が実現されており，投資家は正常利潤を確保したことになる。超過利潤は，ゼロである。

　実現するキャッシュフローが1,200万円であれば，投資家への分配直前の事業価値は1,200万円になっており，利益は200万円になる。資本コストを下回るため，投資家は損失を被ることになるが，帰港直前の株券の価値は1,200万円に近い値になっている。帰港3日前であれば，3日間の間に事故が起こる確率と，3日間の時間価値を割り引いた価値に落ち着かねばならない。1日前であれば，リスクはさらに小さくなり，肉眼で船を確認できる状況になれば，

キャッシュの取得はほぼ確実に近いものとなる。株価が上昇したにもかかわらず，期待された上昇でないため，株主の損失となっている。1,200万円しか稼げない投資であれば，出航前の事業に 1,000万円を出資しなかったのである。

1,800万円が実現できた場合には事業価値は 1,800万円になり，利益 800万円を稼いだことになる。資本コストに相当する金額が 500万円であるから，超過利潤は 300万円である。投資家は当初の予想を上回るキャッシュフローの実現により，自らの富を高めたと実感するのである。

実際の報告を受けた段階で，予想キャッシュフローは実現値に収束する。航海途中での情報が完全に遮断されていれば，帰港した後の清算報告のときにキャッシュフロー情報が開示され，投資家への価値が決定することになる。

2) 2期間事業モデル

利潤・損失の問題を複雑化するのは，事業が 1 期間ごとに清算せずに，継続することを前提とするためである。まず，2 期間モデルを考えてみよう。先と同じく 1,000万円を投資し，1 航海が終了した段階で，予想される 1,500万円のうち 500万円を投資家に分配し，残りの 1,000万円を再投資する。この 1,000万円がさらに 1 年後に 1,500万円になると期待している。この場合の投資価値は，以下のように求められる。

$$1{,}000\,\text{万円} = \frac{500\,\text{万円}}{(1+0.5)} + \frac{1{,}500\,\text{万円}}{(1+0.5)^2} \qquad ②$$

現在の予想段階では，1 年後の帰港時に 1,500万円のキャッシュフローから利益 500万円を受け取り，元本部分の 1,000万円を再投資する。この再投資した事業が再び港に戻る 2 年後には 1,500万円のキャッシュフローを受け取ることができるという予定である。投資家は，現在の 1,000万円の支出に対して，1 年後に 500万円，2 年後に 1,500万円という期待を形成していることになる。

この投資家は，1 年後に配当を支払わず，1,500万円の全額を再投資して，2 年後に 2,250万円を期待することもあろう。③式にみるように，その事業の価値も資本コストが 50%であるかぎり，1,000万円である。

$$1,000\,万円 = \frac{0}{(1+0.5)} + \frac{2,250\,万円}{(1+0.5)^2} \qquad ③$$

　この場合，1年後の利益は500万円と報告されるが，投資家へのキャッシュフローはゼロである。しかしながら，現在の投資家にとってはいずれも1,000万円の価値として評価されている。1年後の投資家は，再び満載になった船の出港を見送りながら，2年後のキャッシュフローを期待しているのである。

　時間が経過すると，期待と実現の乖離が発現する。1年後に実現したキャッシュフローは1,500万円ではなく，1,200万円であった。期待を下回るが，2年目の再投資1,000万円は強制的になされるとしよう。投資家は，2年目のキャッシュフロー予想を1,500万円から1,200万円に下方修正するとしよう。その結果，2年目の期首の株価が800万円に下落している。1,000万円のキャッシュを再投資して，その価値が800万円に下落しているのである。これは企業の内部留保問題について考える際の重要な事例である。

　この段階になって，投資家の1年目の期待キャッシュフローが1,200万円以上であったことがわかる。2年目の期待キャッシュフローを1,200万円に修正したとすれば，800万円に下落した株価から推測されるのは，資本コストが50％であったということである。個々の投資家はいろいろな判断基準をもつが，不特定多数（ここでは100人）の投資家が参加する市場の評価は，過去から推測するしかない。しかし，この推測は，800万円に下落して初めて明らかになることであり，事前に評価することは困難である。

　投資家のキャッシュフローは，投資と配当金および清算による残余財産の分配であり，1年目期首の－1,000万円，期末の200万円，2年目期末の1,200万円である。しかし，1年目の期末に200万円と2年目の期末に1,200万円のキャッシュフローしか期待されない事業であれば，同じリスククラスの事業と比較して，④式のように約667万円の価値をつけたであろう。およそ667万円の価値の事業に1,000万円を投資したことになる。やり直しが利かないために，損失は投資家が清算するしかない。

$$666.7\text{万円} = \frac{200\text{万円}}{(1+0.5)} + \frac{1{,}200\text{万円}}{(1+0.5)^2} \qquad ④$$

　反対に，1,500万円ではなく1,800万円であったとしよう。期待していた以上の利益を稼いだために投資家は楽観的になっている。800万円を分配し，1,000万円を再投資することで，さらに1年後（現在から2年後）にも1,800万円になると期待している。2年目の期首の株価は1,200万円になっていた。投資家が1年目と同じ1,800万円のキャッシュフローを期待しているのであれば，資本コストは50％ということになる。

　2年目の期首に，投資家は1,000万円の犠牲（再投資）で1,200万円の価値を手に入れていることになる。彼の持分は増加し，超過利潤を得ることができたのである。もし，最初から，こうしたキャッシュフローが期待されていれば，1,000万円の投資で以下のように約1,333万円の価値を手に入れたことになる。

$$1{,}333.3\text{万円} = \frac{800\text{万円}}{(1+0.5)} + \frac{1{,}800\text{万円}}{(1+0.5)^2} \qquad ⑤$$

　1年目の期首と2年目の期首では，貿易に対するリスク評価が異なるかもしれない。期待されるキャッシュフローが実現しない場合でも，リスクの評価が小さくなれば，株価は上昇することさえある。そのため，資本コストの測定やキャッシュフローの予測ということは容易なことではない。この問題は，後の節で議論する。

(3) 一般的な事業モデル

　冒険商人の事業モデルを1年ずつ延長していくと，永続的な企業のモデルとなる。企業価値 V は，無限の将来にわたるキャッシュフローを割り引く現在価値計算であった。

$$V = \sum_{t=1}^{\infty} \frac{CF_t}{(1+k)^t} = \frac{CF_1}{(1+k)} + \frac{CF_2}{(1+k)^2} + \frac{CF_3}{(1+k)^3} + \cdots \qquad ⑥$$

　このモデルは，上述の2期間モデルと同じく，現段階で予想される将来

キャッシュフローを現段階における資本コストで割り引くモデルである。時間の経過とともに予想は修正され，投資価値が変動する。継続事業では期待したキャッシュフローの実現可能性に関するさまざまな情報により，価値が変動するのである。

ここで重要なことは，新たな事業戦略の策定が情報として提供されたときや，過去の事業戦略の成果情報が伝達されることで，企業価値が変化し，資源の流れに変更が生じるということである。資源の流れに変更が生じなければ超過利潤や損失というシグナルは意味がない。ある情報が市場に伝達されたときに，将来キャッシュフローの予想が CF から CF^* に変化することで，この新たなキャッシュフローのリスクを反映する資本コストが k から k^* に変化する。このことは企業価値が，V から V^* に変化することを意味する。$V^* > V$ であれば超過利潤（毎年の超過利潤の現在価値）を得ることになる。

$$\text{超過利潤（損失）} = V^* - V = \sum_{t=1}^{\infty} \frac{CF_t^*}{(1+k^*)^t} - \sum_{t=1}^{\infty} \frac{CF_t}{(1+k)^t} \qquad ⑦$$

しかしながら，⑦式からは超過利潤の定義である「資本コストを超過する利益率」という意味が把握できない。資本コストを基準にした超過利潤や損失の概念は，一定の時間概念を導入しなければならない。なぜなら，市場が効率的であれば，新たな情報を入手した投資家は，瞬時に新情報を価格に織り込み，新たな資本コストと新たな資産価格が成立し，資本コスト通りの利益率に調整されている。新たな投資家は，資本コストに等しい投資利益率を請求することになる。超過利潤は，旧均衡から新均衡への移動を意味する。それゆえ，超過利潤の認識には，新情報伝達前の企業価値と資本コストを基準に，情報伝達後の均衡価格を考察することになる。

資本コストと投資利益率が同一になる均衡状態から考察しよう。投資家は V を投資し，CF_t を期待している。両者の関係から，資本コストは k である。単純化の目的で毎年のキャッシュフローは同じ値 CF としよう。この仮定により，企業価値 V は以下のように示される。

$$V = \sum_{t=1}^{\infty} \frac{CF}{(1+k)^t} = \frac{CF}{k} \qquad ⑧$$

つまり，CF は投資した企業価値に資本コストを乗じた kV である。新たな CF^* は，V に対する利益率 r を用いて $CF^* = rV$，$V^* = (1+r)V$ と示すことができる。ただし，新たな均衡状況では，$rV = k^*V^*$ である。

投資家が1期間所有する場合，資本コスト通りの利益率で投資された企業価値は $(1+k)V$ になる。この1期間後の企業価値は，CF 分配前の企業価値である。それゆえ，以下のような関係が成立している。

$$\text{正常利潤率（資本コスト）} \quad k = \frac{(1+k)V - V}{V} \qquad ⑨$$

他方，V で投資した投資家は，一定期間後に新たな情報入手により企業価値 V^* を実現した。このときの投資利益率 r は，以下のようになる。

$$\text{投資利益率} \quad r = \frac{(1+r)V - V}{V} \qquad ⑩$$

⑩式から⑨式を差し引くと超過利潤率 $r-k$ が求められる。しかし，市場が効率的であれば，投資家は時々刻々と改訂される価格により，自らの投資活動を繰り返し清算し続けねばならない。したがって，一定期間という意味は，暦の半年や1年とはかぎらない。絶えざる均衡移動を前提に，情報入手前の改定済みの資本コストと新情報入手後の成果を比較することになる。

(4) 創業者利得

1) 株式公開 (Initial Public Offering : IPO) 時の創業者利得

創業者利得 (Promoter's Profits; Founder's Profits) は，株式会社における超過利潤の実現形態である。しかし，創業者の受取る利得のすべてが超過利潤ではない。具体的な事例で説明しよう。毎年のキャッシュフローが1,000万円，資本コスト k が10％と予想される事業がある。投資家は，この事業の創業時に8,000万円を出資していたとする。出資時の株主は，この企業の株式を売却す

ることで，創業者利得 FP を 2,000 万円獲得することができる。

この創業者利得の計算は，現在の資本価値 V と創業時の出資額との差額として求められる。下記の計算のように，現在の資本価値は 1 億円であり，出資額が 8,000 万円であるため，その差額である創業者利得は 2,000 万円となる。現在時点で株式を売却すれば，2,000 万円を手に入れることができる。

$$V = \frac{1,000万}{(1.1)} + \frac{1,000万}{(1.1)^2} + \frac{1,000万}{(1.1)^3} + \cdots = \frac{1,000万}{0.1} = 10,000万円$$

$FP = 1億円 - 8,000万円 = 2,000万円$ ⑪

しかし，この創業者利得の計算は，超過利潤という概念と合致しない。10 年前に 8,000 万円を出資して創業した企業が，現在時点で 1 億円の価値があるとしても超過利潤を稼いでいることにはならない。配当に出すべき利益を内部留保した結果かもしれない[ii]。超過利潤は，資本コストを上回るリターンが期待されねばならない。

創業者利得が超過利潤である事例を説明しよう。いま 1,000 万円の出資で株式会社を設立する。貸借対照表に記載される資産総額 A も 1,000 万円である。単純化の目的で負債はないものとしよう。この事業は，リスクを考慮して資本コストを 10％と見積もっている。同一リスククラスの他社の投資利益率が 10％ということである。それゆえ，毎年 100 万円のキャッシュフローを生み出せば出資者（株主）は満足することになる。

しかしながら，この企業は特殊な製造方法によるコスト削減と独自の販売方法を用いて 1,000 万円のキャッシュフローが期待されている。予想される投資利益率 r は，100％である。この企業の価値は，1,000 万円を 10％で割り引いた 1 億円になる。1 億円は，株式公開（上場）により実現する。株式を公開せず，創業者が保有し続ければ，各年度に実現するキャッシュフローのなかに超過利潤が含まれている。

株式公開は，将来の超過利潤を一括先取りした場合の創業者利得を評価している。その価値は，1 億円から出資額 1,000 万円を控除した 9,000 万円である。超過利潤に基づく創業者利得を理解するために，出資時点で市場評価がなされ

ると仮定し，以下のように毎年の超過利潤 $(r-k)A$ を現在価値に割り引いた形で表示できる。この事例では毎年の超過利潤は 900 万円である。

$$FP = V - A = \sum_{t=1}^{\infty} \frac{rA}{(1+k)^t} - A = \sum_{t=1}^{\infty} \frac{(r-k)A}{(1+k)^t} \quad ⑫$$

創業者は，時価総額 1 億円の株式のうち 1,000 万円分を売却し，上場と同時に投下資本を回収しても，会社の支配権を掌握している。所有し続ける株式からは，各年度に超過利潤を含む配当を受け取ることができる。しかし，株式公開時に株主となった投資家は，V に対する k の利益率しか得ることができない。超過利潤の帰属先は創業者に限られるのである。これは新情報入手前に株式を購入した株主と情報入手後に購入した新株主の差である。

2) 増資時の創業者利得

株式の新規公開時のみならず，株式会社の資本運用は利潤追求である。それゆえ，資本を調達する際には，既存の株主の富を最大化する投資戦略が求められる。ここでも利潤の帰属をめぐる新旧株主の立場が問題となる。再び，具体例で考察しよう。

出資額に等しい総資産 1 億円で事業運営する上場企業がある。この企業の資産利益率は毎年 10％ で 1,000 万円のキャッシュフローが期待されている。この企業の利益率は，同じリスクを有する他の代替的投資の利益率と同一の水準にあるため，資本コストを 10％ に想定している。この想定値は，総資産の帳簿価値 A と株式時価総額（企業資本の市場価値：V）が等しく 1 億円であることから首肯できる。株式発行総数 N を 1,000 万株とすれば，1 株の株価 P は 10 円ということになる。

この企業が新たに 5,000 万円の魅力的な投資戦略を策定した。必要な資金 5,000 万円は，新株発行増資で賄うこととする[iii]。この事業から追加に獲得されるキャッシュフローは毎年 2,000 万円（投資利益率 40％）である。高い利益率であるが，既存市場の開拓であるため，その高い利益率にもかかわらず，リスクは現在の水準と変わらない。それゆえ，新規投資の資本コストも 10％ と

いう想定である。

既存事業と新規事業のキャッシュフローは合計 3,000 万円になり，これを資本コスト 10% で割り引くことで，投資計画実施後の企業価値 V^* が 3 億円と計算される。増資後の 1 株あたり株価 P^* は，下記のように V^* を発行済み株式総数 $(M+N)$ で除した値である。

$$P^* = \frac{V^*}{(M+N)} \qquad ⑬$$

ここで，M は新株発行数である。$MP^* = 5{,}000$ 万円，$V^* = 3$ 億円，$N = 1{,}000$ 万株を代入すると，$P^* = 25$ 円，$M = 200$ 万株となる。

株価は増資により 15 円上昇したことになる。この株価の値上がりにより，当初 1,000 万株を所有していた既存株主は，1 億 5,000 万円の値上り益 (capital gain) を手に入れたことになる。これが，増資による創業者利得である。1 億円を出資した当初の株主の持分は，3 億円の企業価値のうち 2 億 5,000 万円部分であり，残りの 5,000 万円部分が新たに資本を供給した新規株主の持分となる。

新規株主は，5,000 万円の出資で 500 万円の利益 (10% 相当) を受け取るわけであり，これは資本コスト相当の利益率である。他方，当初の株主も，2 億 5,000 万円に対して 2,500 万円を受け取る。しかし，当初支出した額は 1 億円であり，旧株主の投資利益率は 25% になる。資本コストが 10% であるから，超過利潤率は 15% である。超過利潤率は，1 億円の 15% であり，それは旧株主が毎年受取る 2,500 万円のうちの 1,500 万円部分である。これを資本コスト 10% で資本還元したのが創業者利得の 1 億 5,000 万円である。

(5) 相対的な利潤評価

市場の調整機能により，資本資産の所有者の富は変動する。この変動により，投資家は利潤と損失を被ることになる。資本コストが，ある特定の時点で測定されるということは，その後の一定期間を経て，期待された投資家の資本コス

トが確保されたか否かを検証することになる。

　当初より約定されたキャッシュフローを予定通り確保する場合でも，資本資産の価値が低下（上昇）すれば，投資家の持分は減少（増加）し，損失（利潤）となる。この資産価値の変化は，平均的な投資利益率に比較した相対的な価値修正である。

　たとえば，永続的に100万円の将来キャッシュフローが確定している金融資産を想定しよう。この商品価格に1億円の価格がついている。この時点の投資利益率は1％である。投資家は，1％投資利益率を必要と考えていた。しかし，一定時間の経過後，無リスクの市場利子率が2％になったとしよう。すべての投資家は，2％で安全資産に投資できる。このとき，1億円の金融資産の価格は5,000万円に低下する。金融資産を所有していた既存の投資家は，自らの持分を5,000万円分減少させ，損失を被ったことになる。しかし，5,000万円の時点で投資した新しい投資家は，2％の投資利益率を期待することになる。

　資産価値が低下した後は，将来キャッシュフローに対する資産価値の比率は他の代替的投資機会と同じになり，市場の投資利益率は平均化される。これが資源配分機能であり，そのために投資家は時々刻々と自らの利潤・損失を清算することになる。

　利潤・損失は，他の代替的投資機会との相対的関係が重要になる。魅力的な投資機会がないまま資本コストが上昇するような信用収縮や，逆に魅力的投資機会がないためのバブル的な資本コストの低下が生じることがある。資源の流れる方向が変わるのではなく，貯蓄と投資を結ぶパイプの全体的な流量が変化する。資産価格は，全体的に上昇したり低下したりする。投資家は，この資産価格の上下動により利潤・損失を認識するが，その相対的な位置づけは重要である。

　市場全体の資産価格が上昇（下落）するなかで，上昇（下落）率が高いものと低いものがある。リスクの評価で説明したように，リスクとリターンには相関がある。資産価格の上昇率が高い（低い）資産は，リターンが高い（低い）半面でリスクも多く（少なく），下落局面では大きな（小さな）損失の可能性がある。

市場の平均的な値動きよりも敏感（緩慢）に動き，価格の山や谷が険しく（なだらかに）なる。

具体的には，日経平均が10％上昇したときに20％上昇する株式があるとしよう。この株式に投資していた投資家は，20％の上昇により超過利潤を得たとはいえない。市場の動きに連動した動きであり，資本コスト相当の利潤と見なさねばならない。100円の株価が120円になることを期待している株主にとっては，20％は資本コスト相当の正常利潤なのである。そのため，市場が10％上昇したときに，15％しか上昇しなければ，たとえ株価が上昇していたとしても，投資家は損失を被ったことになる。

こうした利潤・損失を測定するひとつの方法としてイベントスタディ[iv]がある。イベントスタディは，企業に関する何らかのイベント情報が企業価値にいかなる影響を及ぼすかを検証する分析手法のひとつである。それは，新情報が投資家の相対的な利潤・損失にいかなる影響を及ぼすかを検証する。

株式投資利益率は，正常株式投資利益率＋異常株式投資利益率で構成されるが，市場モデルでは，マーケットポートフォリオの投資収益率（日経225やTOPIXなどを代理変数とする）との関係のなかで以下のように評価される。

$$R_{it} = \hat{a}_i + \hat{\beta}_i R_{mt} + AR_{it}$$

R_{it}：i銘柄のt期における株式投資利益率

R_{mt}：t期のマーケットポートフォリオの収益率

AR_{it}：i銘柄のt期における異常収益率

$\hat{a}_i + \hat{\beta}_i R_{mt}$：$t$期の正常株式投資利益率

$\hat{a}_i$：切片

$\hat{\beta}_i$：傾き（ベータ値）

定められた期間，たとえば，イベント公表日前の40日間などで正常収益率を計算し，新たな情報の入手前後における異常収益率を測定し，これを合計することで累積異常収益率，すなわち超過利潤率を求めることになる。

株式市場は，各企業に関するあらゆる情報を入手して，これを株価に織り込んでいる。企業に関する情報は，時々刻々と変化しているため，特別なグッド・

ニュースやバッド・ニュースでなければ，市場との関係に変化は生じない。つまり，超過利潤は発生せず，これまでの投資収益率を実現するのみである。

　日常的に新しい戦略を策定するような成長企業や市場環境に左右されやすい企業は，そうした変動要素を資本コストに織り込み済みである。そのため，画期的な事業戦略を策定しても市場が反応しない企業の株もあれば，わずかな情報に反応して，超過利潤や損失と認識することもある。

　このように超過利潤や損失の概念は，相対的なものであり，情報と投資家の期待形成に依存した非常に厄介なものである。それゆえ，その測定はさらに難問となる。

注

i) この問題は，額面株式と無額面株式の問題であるが，同時に財務諸表と企業価値の関係を知る上でも重要である。財務諸表との関係は後の章で詳細に説明する。

ii) この問題は，配当成長モデルにおける株価の上昇に関する議論を理解する必要がある。内部留保がゼロでない企業は，これに見合う資産の増加があり，下記のような因果関係がみられねばならない。

- 内部留保→資産増加→利益増加→配当増加→株価上昇

　具体的に説明してみよう。第1期期首の資産 1,000 の会社が利益 100 を稼ぐとする。配当性向 100% であれば，利益 100 = 配当 100 であり，第2期期首の資産は 1,000 のままであるから，同じ 10% の資産利益率（ROA）であれば利益も配当も同じ値である。ここで，配当性向を 60% とすれば，100 の利益うち 60 を配当とし，残り 40 は内部留保され，第2期期首の資産は 1,040 に増加する（実際には，内部留保されるプロセスで増加している）。

　1,040 の資産が同じく 10% の ROA で運用されるとすれば，第2期の利益は 104 に増加する。配当性向が 60% のままであれば，配当支払額は 62.4，内部留保は 41.6 になり，資産額は 1040+41.6 = 1081.6 に成長する。この資産が再び 10% で運用されると，資産も，利益も，そして配当も成長することになる。

　ここで内部留保のみが相違（配当性向の相違）する企業の株価を比較する。配当性向の相違は，株価の成長に差異をもたらすが，両社の現在の株価は同じである。この意味は，同じ金利の銀行預金を考えればわかる。毎年利息の全額を引き出す場合（内部留保 0 で全額配当）と一部を積み立てる場合（内部留保と配当成長），同じ金額を預金しても，数年後の預金額は異なっている。たとえば，金利 10% で利息の 60% を引き出すとしよう。

　積立率（b）は，40%，金利（i）は 10%，預金の元本（P）は 100 万円とすると，次のようなモデルとなる。積み立てがゼロであれば，分子は毎年 10 万円であり，その場合も 100 万円の預金となる。

$$100 = \frac{6}{(1.1)} + \frac{6.24}{(1.1)^2} + \frac{6.4896}{(1.1)^3} + \cdots + \frac{(1+ib)^{n-1}(1-b)ip}{(1+i)^n} + \cdots$$
$$= \frac{(1+b)ip}{(1+ib)}$$

これを株価 (P) モデルに応用すれば，t 期の配当 D_t，内部留保率 b として，下記のようになる。E_0 は期首の株主資本 (純資産額)，g は成長率，ROE は株主資本利益率である。

$$P = \frac{D_1}{(1+k_s)} + \frac{(1+g)D_1}{(1+k_s)^2} + \frac{(1+g)^2 D_2}{(1+k_s)^3} + \cdots$$
$$= \frac{D_1}{(k_s - g)}$$

$D_1 = (1-b)E_0 \cdot ROE$
$g = ROE \cdot b$

iii) 資金調達手段は，増資よりも内部留保や借入れが一般的である。多様な資金調達方法があるにもかかわらず，増資により資本を調達する理由は，資本調達方法による企業価値の相違という問題を排除するためである。そのため，この仮定では，負債ゼロの企業を想定し，資本構成の影響を無視することにしている。資本構成の問題は，第9章で論じる。

iv) Campbell, J. Y., A. W. Lo, and A. C. MacKinlay (1997)，邦訳 (2003) 第4章を参照のこと。

第7章　投資決定

(1) 投資決定とは何か

　企業は，なぜ投資を行うのか。企業は仕事の単位であり，生産活動の主体である。繰り返し説明してきたように，生産活動には準備段階があり，収入に先行して費用を負担しなければならないために，投資活動が必要になる。企業活動を資本の運動として捉えると，貨幣資本を調達し，これを生産資本に投資して，生産活動を行い，商品資本に転換し，これを販売して再び貨幣資本を回収する。つまり，貨幣資本→生産資本→商品資本→貨幣資本という資本の回転運動を行うことになる。より多くのキャッシュフローを回収するために，現在の貨幣資本をいかなる生産資本や商品にどれだけ転換するかを決めるのが，投資決定 (investment decision) である。

　継続企業の資本の運動は，単線ではない。貨幣資本が生産資本に変換される時点で，生産資本は商品資本を生産している。商品資本が販売されて貨幣資本を回収する時点でも，他方で貨幣資本が生産資本に変換され，同時に生産資本が商品資本に転換されている。つまり，資本の回転運動は，その断面をみれば，いつの時点でも貨幣資本と生産資本，商品資本が同時に存在している。資本の回転が1回転でなければ，回収された貨幣資本は，生産資本や商品資本に投資されていることになる。

　単純な例で考えてみよう。100万円の現金を元手に商売をはじめた。20万円をレジスターやその他備品に投資し，そして80万円の商品を仕入れた。この時点で資本の回転運動を止めると，貨幣資本10万円，生産資本20万円，そして商品資本70万円という断面が切り取れる。ある日の活動を観察すると，原価70万円の商品のうち10万円分の商品を20万円で販売した。この時点で商

品資本が10万円分減少し，現金が20万円分増加している。資本の回転運動は，事業活動という時間経過のプロセスである。映画フィルムの1コマ1コマが連続的に回転してストーリーになるように，企業資本の回転運動も連続的プロセスにありながらも，それぞれがひとつの静止画をもつ。

現金の回収が投資の目的であるが，現金をそのまま残している経営者は無能な経営者である。資本の回転を早めるには，回収した現金を生産資本や商品資本に投資しなければならない。通常の商業活動であれば，新たに売れそうな商品を仕入れたり，必要性の高い備品の購入をするはずである。この活動は日常的な投資活動である。短期的には，備品や建物など，生産資本の一部を回収しつつ（減価償却費），商品資本の多くを貨幣資本として回収し，再び生産資本や商品資本に投資する。

このように，企業の資本運動は単線的な回転運動ではなく，常に投資活動を繰り返し，複線的な回転運動をしている。企業が企業であるためには，投資活動が欠かせない。投資をすることなしに，企業は利益を稼ぐことができないのである。

投資に関する時間は，一般に1年を基準に考える。1年以内の投資は，運転資本への投資であり，1年を超える投資になると資本予算（capital budgeting）や資本支出（capital expenditure）などという呼称となる。しかし，この基準は，われわれの社会における便宜上の問題であり，決算報告や有価証券報告書などとの対応関係から生じるものである。1時間でも前払いが必要となる企業活動は，すべて投資活動であり，将来のキャッシュフローを期待した活動なのである。

投資概念で注意すべきは，貨幣資本以外の資本概念に無形資産が包含されていることである。従業員の給与もその他の経費の支払いも，それが前払いである以上，経営資源のサービスがコストとして認識され，期待収入を実現するまでは資本として認識されねばならない。たとえば，1年分の給与を前払いする企業と，1日の給与を前払いする企業の違いを考えてみよう。準備しなければならない貨幣資本は，相当に異なってくる。前者は多くの貨幣資本を準備しな

ければならず，少ない貨幣資本で済む後者の企業と比較して非効率となる。しかし，有能な人材を確保するために，1年分の前払いが必要なこともある。こうした問題は，人事戦略に関する問題であるが，財務上は，運転資本の管理として論じられる。企業の資本価値は，単に企業の所有する物的資産の価値合計ではないのである。

　企業の投資活動が正当な評価を受けるためには，投資家の評価に適うものでなければならない。それは，投資家に対して，適正な報酬（資本コスト）を支払える投資ということになる。もちろん，不確実性に支配された市場では，事前に適正な報酬を約束できるものではない。結果を約束はできないが，平均以上の報酬を求められているのである。それは，個々の投資家の財産を増やすことであり，株式会社であれば，株主価値の増加，すなわち，株主の富最大化に資するものでなければならない。利潤の追求である。

　残余所得の請求権者である株主の富最大化は，同時に企業価値の最大化にむすびつく。企業価値は，負債の市場価値と自己（株主）資本の市場価値（株式時価総額）の合計である。株主資本の価値は，他人資本を含めたすべての約束された支払いを済ませることで実現する。それゆえ，その他のステークホルダーに対するコストを所与とすれば，株主価値の最大化は企業価値の最大化に等しい。

　このような前提に立って，投資決定は，利潤追求という経済目的に対する合理性が求められる。本章で説明する内部利益率 (internal rate of return) 法と正味現在価値 (net present value) 法は，理に適った経済計算である。それらは，時間とリスクの問題をモデルに取り込んでいるのである。しかし，実務に役立つための合理性は，諸仮定に制約される理論モデルとは異なり，実践的な視点で評価しなければならない。実用可能性が低ければ，いかに精緻なモデルであっても企業の経営には意味がない。本章の目的は，投資の経済計算に関する理論モデルとその実践的意義を明らかにすることでもある。

(2) 投資の分類

1) 運転資本管理

　企業資本の回転運動には，短いものから長いものまで渾然一体となっている。生産資本のなかでも，工場の建物や機械設備は，比較的長期間の回収を想定している。自動車1台の販売で，その生産に要した建物や機械設備の投下資本をすべて回収するとなれば，自動車の価格は建物と機械設備よりも高いものとなってしまう。それゆえ，これらは減価償却費により数年かけて回収することになる。他方，1台の自動車の原材料や部品，電気代やその他の燃料代，諸経費，労務費などは，1台ごとの回収を考慮する。

　製品が完成し，商品資本として販売を待機する状況でも，販売するためのさまざまな貨幣資本が投入され続ける。営業所の店舗や備品類などのように，キャッシュの回収に時間のかかる資本から，販売促進のための広告宣伝費や営業員の給与など，比較的短期間に回収されるものまで多様である。

　このように投資対象により回収期間が異なるため，一定の期間を設けて，キャッシュフローの総合的な管理が必要になる。1年以内のキャッシュフローの管理は，流動資産や流動負債の管理であり，企業の経常的活動を行うための運転資本の管理である。

　運転資本の問題に焦点を絞るために，固定資産をもたない小売企業を想定してみよう。この企業の事業活動は，商品100万円を仕入れて販売することである。この企業は，流動資産100万円を必要とするが，調達する資本は100万円では不足する。販売活動には販売費及び一般管理費が必要である。原価100万円の商品のうち70万円分を販売価格120万円で販売するとしよう。この取引は，現金取引ではなく，掛取引であり，代金回収は3ヵ月後である。この時点で，売上総利益は50万円になっている。

　今月の給与や光熱水費，通信費，家賃などの現金を予め準備しておかねばならない。給与20万円，光熱水費10万円，通信費5万円，家賃10万円とすると，営業利益は5万円である。営業外の損益がなければ，税引き前の当純利益は5

万円である。しかし，販売はしたが，現金の回収はない。この企業の活動を維持するには最低145万円の貨幣資本を準備しなければならないのである。

　利益が計上できても，最低必要な運転資本を準備しなければビジネスは維持できない。キャッシュフローの適切な管理がなされなければ，黒字倒産の原因となるのである。短期の投資であろうと，これを回収しなければ資本は回転運動を継続できない。

　成長期待の高い事業は，積極的な投資活動を行う。回収した現金は，即座に新たな投資機会に向けられる。資本需要の圧力が強く，現金は常に不足状態にある。現金を固定資産の投資に向ければ，貨幣資本の回収に時間が必要となり，運転資本が枯渇する可能性が高まる。利益を計上しながらも，借入利息などが滞り，倒産することがあるのである。

　運転資本の管理は，すべての企業に共通の尺度がない。同一の事業を行っている企業でも，メインバンクなどと強い関係がある企業や潤沢な現金を保有する親会社などをもつ企業は，必要なときに現金を確保できる。企業間の取引関係も重要である。現金取引が一般的な業界と企業間信用取引の多い業界がある。支払いを猶予してもらえる立場にある企業と，信用を供与しなければならない企業がある。そうした関係が企業の運転資本管理に関わるのである。

2) 中長期の資本

　1年を超える比較的長期の資本の回転運動は，資本予算ないし資本支出として議論される。これが一般的な投資決定の問題である。現金の支出後に，その回収に1年を超える運用は，帳簿上の繰延資産や固定資産が対応するが，キャッシュフローの時間にわたる予想が重要になる。商品開発など，1年を超えて成果や効果が期待される場合，その収入は1年を超えて予想される資本予算の問題となる。広告宣伝費や営業員の日々の活動でも，それらが直接今期の収入に反映しない場合がある。翌期以降の長期にわたる収入に結びつくとすれば，新たな顧客を開拓するための今期の支出は投資活動である。

　こうした資本予算を目的や性格により分類してみよう。現在の工場や機械設

備などは耐用年数があり，その寿命により取り替える必要がある。これは，更新投資とか取替投資と呼ばれる。純粋な更新投資や取替投資は，現在と将来のキャッシュフローに変更がないことを前提とする。しかし，老朽化した機械設備や店の改装などの更新は，そのほとんどが厳密な意味で取替投資ではない。機械は新たな技術が付加され，精度の向上や経費節約などにつながる。店舗の改装で，壁紙や，テーブル，椅子を同じものに置き換えることは少ない。デザインや色なども変更される。そのため，取替投資は，一般的に，量的・質的なキャッシュフローの改善を伴うものである。

キャッシュフローの増加を伴う投資は拡張投資とよばれる。売り場面積を拡げたり，新店舗の建設，機械設備の増設や新工場の建設など，生産・販売能力の増強を目的とする。拡張投資は，通常，帳簿上の資産を増やすが，従業員の増員なども伴う。

拡張投資は，量的な側面に着目するが，多くの場合に質的な問題が発生する。まったく同じ経営資源の結合を2倍に増やせば，同質のキャッシュフローが2倍になると予想できる。しかし，同じ経営資源の調達は困難である。すでに経験を有する従業員と未経験者では生産性が異なる。同じ条件の土地などない。追加の資本調達に関して，投資家のリスク評価は同一ではない。過剰投資は，危険を伴う一方，設備や店舗の規模拡大により，規模の経済性が働く。大量生産のための機械設備と少量生産のそれでは，単位あたりの燃料費などが異なる可能性がある。また，生産ラインに変更が生じ，従業員の働き方が変わる。それらは，費用の構造を変えることになる。固定費と変動費の割合が変わり，キャッシュフローの質に変化が生じる[i]。

拡張投資は，有形固定資産の投資のみではない。研究開発投資などの無形資産への投資を増やすことも考えられる。投資額を2倍にすることで，期待されるキャッシュフローが2倍になるわけではない。その活動は，新商品開発や新技術，新生産方法の発明など，企業のキャッシュフローの量的変化のみならず質的な変化を伴う。ブランドの構築やブランドの購入，特許権やその他の無形資産への投資は，キャッシュフローの質的変化を伴うことになる。

キャッシュフローの大きな質的変化を伴うのが戦略的投資である。企業の投資活動は，経営戦略と一体でなければならない。重要な戦略は，重要な投資計画になる。経営戦略が，新しいドメインやミッションの策定であるとすれば，戦略的投資決定は，こうしたドメインやミッションを実現するための長期的な投資決定であり，企業の方向性を決めるような貨幣資本の使い方を示すことになる。これまでと異なる事業は，キャッシュフローの期待とリスクの評価を変更させる。M&Aなどを繰り返す企業は，キャッシュフローの質量ともに異なる企業となっている。戦略的投資決定がなされると，これに基づいて戦術的レベルの投資決定がなされる。

　投資決定のすべては，相互排他的投資か独立的投資のいずれかに分類される。相互排他的投資とは，ある特定のプロジェクトを実施すると他のプロジェクトが採用できなくなる投資である。他方，独立的投資は，特定の投資計画を選択しても，他の投資計画に影響を及ぼさない投資である。そして，いずれの投資も，補完的投資を検討する必要がある。これは特定の投資計画を実施すると補完的に必要となる投資である。当初の計画がすべてを網羅する詳細な投資計画であれば，補完的投資という言い方をする必要はないかもしれない。

(3) 投資の尺度

1) 資本コストを考慮しない評価手法

　投資家や経営者が関心のある情報は，投資計画の実施により企業価値が高まるか否かである。その基本は，投資対象の支出（投資額）と将来の収入を比較することであり，将来キャッシュフローの予測である。この予測には，投資計画の経済命数を見積もり，将来キャッシュフローの期間と金額を予測しなければならない。当然，投資に必要な支出額と時期も予想することになる。

　こうしたデータが整うと，投資に関する判断指標ができる。そのひとつは，回収期間（payback period）法である。回収期間法は，投資資金の回収年を計算し，その回収年数が許容数値の範囲内であれば投資計画を採択するというもの

である。独立的投資の場合には，許容範囲内のすべての投資計画を実施し，相互排他的投資計画の場合は回収期間の短いものが優先される。

回収期間法を具体的な例で示そう。下記の表はプロジェクト毎の予想キャッシュフローを表示してある。

	投資額	1年	2年	3年	4年	5年	合計
X	2,000	200	1,800	300			2,300
Y	3,000	800	800	900	1,000	800	4,300
Z	5,000	3,000	1,000	500	500	3,000	8,000

プロジェクトXは，現在2,000万円の投資支出により，1年目に200万円，2年目に1,800万円，そして3年目に300万円の収入を稼ぐ。したがって，2年間の活動で投資額は回収される。回収期間は2年である。プロジェクトYは，3年までに2,500万円を回収し，4年目で残りの500万円を回収する。それゆえ，3.5年という期間になる。プロジェクトZの回収期間は4年である。したがって，プロジェクトの優先順位は，X，Y，Zの順となる。許容範囲が3年であれば，Xのみが採用され，YとZは採用されない。許容範囲が2年未満であれば，すべて却下である。許容範囲が4年以下であっても，相互排他的投資計画であれば，Xのみが採用され，YとZは却下される。独立的投資であれば，許容範囲内のすべてのプロジェクトが採用される。

回収期間法は，代替的投資機会の利益率や回収期間以降のキャッシュフローの大きさ，それに時間価値やリスクが評価されていない。高い利益率の投資機会があっても，回収期間の短い方が優先される。リスクとリターンの関係が比較の対象にならないため，回収期間が短く，ハイ・リスクでロー・リターンのプロジェクトが選択される可能性がある。

回収期間法以外にも，時間価値やリスクの問題を無視する評価手法がある。代表的なものとしては，会計的利益率（accounting rate of return）法がある。それは，予め最低限の会計利益率を定めておき，これを上回る投資プロジェクトを採用するというものである。会計数値を利用するため，財務諸表分析などによる比較が可能になる。しかし，回収期間法と同様の問題がある。一言でい

えば資本コストが考慮されていないということである。

2) 内部利益率法と正味現在価値法

時間とリスクの問題を考慮した投資評価に内部利益率 (IRR) 法がある。この評価手法の考え方は簡単である。投資プロジェクトの期待利益率を計算し，これが資本コストを上回る場合に採用，下回れば却下というものである。一般的には，下記の IRR を計算し，資本コスト k と比較することになる。

$$I = \sum_{t=1}^{n} \frac{C_t}{(1+IRR)^t}$$

$$= \frac{C_1}{(1+IRR)} + \frac{C_2}{(1+IRR)^2} + \frac{C_3}{(1+IRR)^3} + \cdots + \frac{C_n}{(1+IRR)^n} \quad \text{①}$$

ここで I は投資額，C_t は t 期のキャッシュフロー，経済命数は n 年間である。$IRR \geqq k$ であれば投資プロジェクトは採択される。

一般に利益率とよぶ場合，たとえば1,000万円を投資して，1年後に1,200万円になれば20%の利益率と計算される。しかし，回収期間が1年の投資プロジェクトは少ない。①式のように数年間の回収期間がある場合，期間中のキャッシュフローと投資額を比較して内部利益率が計算される。このとき1,000万円が2年後に1,200万円になる利益率は20%ではない。第3章で説明してあるように，複利で計算すると，1,000万円は10%の利益率で2年後に1,210万円になる。それゆえ，2年後の1,200万円は10%に満たない。このように利益率は複利計算で考えねばならない。

内部利益率の意味を理解するため，具体的な事例で説明しよう。1年間の運用で1,000万円が1,100万円になる投資プロジェクト A は，10%の投資利益率である。この計算は，下記の IRR を計算すればよい。

1,000万円 $(1+IRR) = 1,100$万円であるから，以下のように書き換えることができる。

$$1,000\text{万円} = \frac{1,100\text{万円}}{(1+IRR)} \quad \text{②}$$

プロジェクトBは，1,000万円を投資すると2年後に1,210万円になる。この利益率も10%である。

$$1,000 \text{万円}(1+IRR)^2 = 1,210 \text{万円}$$

$$1,000 \text{万円} = \frac{1,210 \text{万円}}{(1+IRR)^2} \qquad ③$$

3年間の運用で1,000万円が1,331万円になる投資プロジェクトCの内部利益率も下記のように10%である。

$$1,000 \text{万円}(1+IRR)^3 = 1,331 \text{万円}$$

$$1,000 \text{万円} = \frac{1,331 \text{万円}}{(1+IRR)^3} \qquad ④$$

この3つのプロジェクトを3年間にわたりキャッシュフローを稼ぎ出すひとつのプロジェクトQと考えてみよう。キャッシュフローは，現在3,000万円を支出し，1年目の期末に1,100万円，2年目の期末に1,210万円，そして3年目の期末に1,331万円を獲得するプロジェクトとなる。すなわち，②式，③式，そして，④式を合計して以下のようになる。

$$3,000 \text{万円} = \frac{1,100 \text{万円}}{(1+IRR)} + \frac{1,210 \text{万円}}{(1+IRR)^2} + \frac{1,331 \text{万円}}{(1+IRR)^3} \qquad ⑤$$

当然であるが，IRRは10%である。3つのプロジェクトのリスクが同一であり，資本コストが10%以下であればプロジェクトQは採用することになる。

以上を理解できれば，先に例示したプロジェクトX，Y，そしてZの内部利益率が計算できるはずである。プロジェクトXは，現在2,000万円を投資し，1年目のキャッシュフローが200万円，2年目のキャッシュフローが1,800万円，そして3年目のキャッシュフローが300万円を期待する投資プロジェクトである。この内部利益率は⑥式により計算される。

この意味は理解できるが，その解は試行錯誤的に計算するしかない。しかし，パソコンを使うことができれば，エクセルの関数機能により簡単に計算できる。その結果，XのIRRは，7.11%と求められる。

$$2,000\,万円 = \frac{200\,万円}{(1+IRR)} + \frac{1,800\,万円}{(1+IRR)^2} + \frac{300\,万円}{(1+IRR)^3} \qquad ⑥$$

同じように，プロジェクトYとZのIRRを求めると，Yは，13.08％，Zは，19.3％となる。その優先順位は，回収期間法とまったく逆になる。

資本コストは，資本供給者が要求する最低必要利益率である。内部利益率≧資本コストのとき，投資は実行されることになる。資本コストが10％であれば，採用可能プロジェクトはYとZである。相互排他的投資であれば，Zが選択される。資本コストが5％であれば，独立的投資のすべてが採用になる。

内部利益率と資本コストが等しいとき，投資家の期待通りのキャッシュフローとして正常利潤を稼ぎ，資本コストを上回るとき超過利潤となる。それゆえ，投資の経済計算で採択されるプロジェクトは，正常利潤以上を稼ぐプロジェクトということになる。もちろん，計画段階における予測計算であり，事後的な計算ではない。実際には，超過利潤を稼げるプロジェクトは稀な存在である。

正味現在価値（NPV）法は，資本資産の一般的な評価原理に基づく経済価値計算である。まず投資計画の将来キャッシュフローの現在価値を計算する。先のA，B，Cが合体したプロジェクトQで説明しよう。1年目に1,100万円，2年目に1,210万円，3年目に1,331万円のキャッシュフローを生み出す投資プロジェクトの現在価値PVは下記のようになる。

$$PV = \frac{1,100\,万円}{(1+k)} + \frac{1,210\,万円}{(1+k)^2} + \frac{1,331\,万円}{(1+k)^3} \qquad ⑦$$

ここで$k = 10％$であれば，$PV = 3,000$万円である。資本資産評価の一般原理で説明してあるように，kが高いと，PVは低く，期待キャッシュフローが少なければPVは低い。資本コストは，無リスク利子率にリスクプレミアムを加えたものであるから，金利の上昇は相対的価値を下落させる。またリスクの上昇は投資を慎重にさせ，現在価値を引き下げる。

現在価値の計算は，プロジェクトQの価値評価である。したがって，Qの評価が3,000万円のとき，このプロジェクトに必要な投資額が3,000万円以下

であれば実施すべきである。超過利潤を獲得できない市場であれば，プロジェクトQの現在価値と必要な投資額は一致している。投資家はプロジェクトの実施により資本コスト相当の報酬しか受け取れないことになる。しかし，何らかの理由で必要な投資額が現在価値を下回る場合，たとえば投資額が2,500万円で，3,000万円の価値あるプロジェクトを実施できるのであれば，その差額500万円は企業価値の増加になる。これを正味現在価値ないし純現在価値 NPV とよぶ。一般的な形で示せば以下のようになる。

$$NPV = \sum_{t=1}^{n} \frac{C_t}{(1+k)^t} - I \qquad ⑧$$

右辺の第1項は PV である。$PV \geq I$ の時に，$NPV \geq 0$ になり，企業価値の創出につながるのである。前章で議論した超過利潤の現在価値計算である。

内部利益率法と同じく，資本コストを基準にして，投資の経済計算が行われる。IRR は，NPV がゼロになる利益率である。先に例示したプロジェクトX, Y, Z で NPV 法を検証してみよう。

プロジェクトXは，投資額2,000万円，各年のキャッシュフローは，1年目200万，2年目1,800万，3年目300万円を期待している。$k=5\%$ で計算すると，$NPV=82.3$ 万円になる。また，$k=10\%$ のときには，$NPV=-105.2$ 万円，$k=15\%$ になれば，$NPV=-267.8$ 万円となる。k が 7.11%（$=IRR$）以下でなければ，プロジェクトの実施は企業価値を毀損することになる。

$$NPV = \frac{200万円}{(1+k)} + \frac{1,800万円}{(1+k)^2} + \frac{300万円}{(1+k)^3} - 2,000万円 \qquad ⑨$$

プロジェクトYは，投資額3,000万円，キャッシュフローは，1年目800万，2年目800万，3年目900万，4年目1,000万円，そして5年目に800万円を期待している。$k=5\%$ のとき，$NPV=714.5$ 万円，$k=10\%$ では，$NPV=244.4$ 万円，そして，$k=15\%$ のときに $NPV=-138.2$ 万円となる。$k=13.08\%$ のときに NPV はゼロになる。これを越える資本コストの場合には，NPV がマイナスとなり，プロジェクトの実施により NPV のマイナス額だけの企業価値を奪い去ることになる。

$$NPV = \frac{800\,万円}{(1+k)} + \frac{800\,万円}{(1+k)^2} + \frac{900\,万円}{(1+k)^3} + \frac{1,000\,万円}{(1+k)^4} + \frac{800\,万円}{(1+k)^5} - 3,000\,万円 \quad ⑩$$

3つ目のプロジェクト Z は，投資額 5,000 万円で，1 年目 3,000 万円，2 年目 1,000 万円，3 年目 500 万円，4 年目 500 万円，そして 5 年目 3,000 万円のキャッシュフローを期待した。$k=5\%$ のとき $NPV=1,985$ 万円，$k=10\%$ で $NPV=1,133.7$ 万円，そして，$k=15\%$ でも，$NPV=471$ 万円となる。IRR が 19.3% であるため，k がこれを越えない限り企業価値を高めることになる。

$$NPV = \frac{3,000\,万円}{(1+k)} + \frac{1,000\,万円}{(1+k)^2} + \frac{500\,万円}{(1+k)^3} + \frac{500\,万円}{(1+k)^4} + \frac{3,000\,万円}{(1+k)^5} - 5,000\,万円 \quad ⑪$$

正味現在価値法と内部利益率法は，基本的に同じ評価基準を提示した。それは回収期間法と正反対の結果である。最も優先されるプロジェクトは Z であり，次いで Y，そして X という順番となる。

それでは，正味現在価値法と内部利益率法は，常に同じ評価となるのであろうか。ひとつの大きな違いは，前者が企業価値に対する絶対額を評価するのに対し，後者は資本コストと内部利益率を比較する点である。そのため，内部利益率法では，IRR が高くとも，絶対的な企業価値の増分である NPV に貢献しないことがある。たとえば，⑪式のプロジェクト Z の数値を 2 桁小さくしたプロジェクト W を想定してみよう。右辺第 1 項の分子は，3,000 万円から 30 万円に減額され，順次，10 万円，5 万円，5 万円，30 万円というキャッシュフローになる。投資額も 5,000 万円から 50 万円になる。

このプロジェクト W の IRR は，プロジェクト Z と同じ 19.3% で，最も高い利益率である。しかしながら，NPV は，$k=5\%$ で 19.85 万円，$k=10\%$ では，11.34 万円，そして，$k=15\%$ のとき，4.71 万円となる。この金額は，$k=5\%$ であればプロジェクト X よりも小さな値であり，企業価値への貢献度は最も低い。独立的投資であれば，すべての状況で採用されるが，相互排他的投資であれば，いずれの資本コストに関してもプロジェクト W の優先順位は低く，却下される[ii]。

(4) プロジェクトの資本コスト

　資本コストを考慮するとしても，プロジェクトの資本コストは如何(いか)に測定されるのであろうか。上場企業の資本コストは，過去の株価の動きを参考に推計する。その推計方法は多くの問題を抱えているが，参考にするデータは存在する。しかし，企業が実施するプロジェクトは，過去の事業と同じではない。戦略性の高いプロジェクトほど，過去のデータと乖離するが，そうしたプロジェクトこそ評価を必要としている。各プロジェクトは，それぞれにキャッシュフローの質と量が異なる。現在の事業を更新する場合には，多少とも過去データが役立つかもしれない。しかし，拡張投資では，キャッシュフローが変質し，過去とは異なる資本コストの可能性がある。

　たとえば，マンションを建て替える事業を考えてみよう。同一の部屋数と同質の建材などを使用したマンションの建て替えであれば，同じようなキャッシュフローが予想される。しかしながら，5階建てマンションを50階建ての高層マンションに建て替える場合は，キャッシュフローの量による変化のみならず，質の変化が生じる。管理人やエレベーターなど，さまざまな費用構造が変化する。5階建てであれば予想できた空室予想も，50階建てになると異なる予想が必要になる。同じ部屋数のマンション建て替えでも，高級化して家賃を上げれば，これまでのキャッシュフローとは異なる予想になる。対象とする市場が異なるためである。このように，プロジェクト毎にキャッシュフローの質・量が異なるとなれば，プロジェクト毎に資本コストが異なることになる。

　多数の事業を行う大企業は，同様の新規プロジェクトでも，ベンチャー企業の資本コストよりも小さい可能性が高い。これは管理能力や組織力，これまでのブランドなどがキャッシュフローに影響を及ぼしているからである。つまり，資本コストの原則は，プロジェクトや事業の種類ではなく，キャッシュフローの種類で評価していると考えねばならない。企業は，多くの多様なプロジェクトが合体して，企業固有のキャッシュフローを生み出している。投資家は，こうしたプロジェクトの合体したキャッシュフローをひとつのキャッシュフロー

とみなして評価しているのである。

　新たなプロジェクトを実施する場合には，新たなプロジェクトのキャッシュフローに対する資本コストで評価しなければならない。これまでの合体したプロジェクトのキャッシュフローが10％の資本コストであるとき，新規プロジェクトの資本コストは30％かもしれない。リスクが高ければ，当然，資本コストは高くなる。企業が実施した過去のプロジェクトの平均資本コストではなく，新たなプロジェクトには新たな限界的資本コストが適応されねばならない[iii]。

　しかし，新たなプロジェクトは，単独で評価される市場が存在しない。それゆえ，プロジェクト毎の資本コストを測定することは困難な仕事である。プロジェクトと類似のキャッシュフローをもつ株式などを見つけ出し，その資本コストを適応するという考え方はひとつの代替案である。

　いずれにしても，経営者がプロジェクトを提案し，企業の株価が上昇すれば，投資家は，そのプロジェクトの NPV をゼロ以上に評価したことになる。それゆえ，個々のプロジェクトの資本コストを測定しなくとも，プロジェクトを開示することで，採否は判断できるのである。ただし，株価情報を認識できる上場企業の適切なIR活動が条件となる。その際，イベントスタディなどの手法が役に立つ。

　投資プロジェクトのひとつとしてM&A（企業の合併・買収）がある。M&Aは，その規模が大きい場合に，戦略的な投資に数えることができる。企業の事業規模や事業領域が変更し，キャッシュフローの質と量に大きな変化が予想される。しかし，M&Aは，他のプロジェクトと本質的な差異はない。工場の建設計画と工場の買収計画は，基本的に同じ意味をもつからである。それゆえ，投資の評価基準は NPV の増加である。その際の資本コストは，買収対象企業の資本コストである。

　M&A戦略の公表は，他の事業戦略と同じく，株式市場が，その経営者の意思決定を評価する。買収価格が高すぎると判断すれば，買収される企業の株価は上昇し，買収を仕掛ける側の株価は下落する。買収側の株主の富を毀損する場合，M&Aは却下されねばならない。一般的なM&Aの事例は，被買収側の

株主の富が増加し，買収側の株主の富は大きく影響しない事例が多い。

M&Aが通常の資産取得と異なるのは，被買収企業の従業員のサービスや組織能力を購入する点である。物的な資産の購入計画以上に，人的な資源を購入するM&Aは，その評価がむずかしく，経営者や組織の能力が問われるのである。それゆえ，投資家の予想も慎重になる。

(5) リアル・オプション

正味現在価値法は，株主の富最大化に整合的な優れた経済計算であるが，いくつかの点で説明力に問題が残る。経営者は，状況に応じて投資計画の修正や，変更，あるいは中止を行うことがある。こうした裁量の余地が残されていなければ，状況が変わったときに無駄な投資をしなければならず，投資家の価値は毀損される。逆に，意思決定に柔軟性が与えられれば，プロジェクトのリスクは小さくなり，投資価値が高められる。

われわれは，環境変化に応じて意思決定する。環境変化の時点で選択肢が与えられていれば，合理的な意思決定者は，当初の決定に拘束されることなく，最良の行動を選ぶに違いない。50階建てマンションの建設計画を策定した不動産会社が，市況が悪化して空室になるリスクが高まったにもかかわらず，当初の計画を変更せずに資金を調達して建設するであろうか。需要予測に重大な変更が生じたのであれば，計画を延期したり，規模を縮小したり，中止することを視野に入れるべきである。

また，建設計画に際して，市場や購入する土地の調査などを事前に実施する。これはマンション建設に際しての補完的投資である。マンション建設プロジェクトをひとつの投資プロジェクトとして評価するのではなく，2つの投資として評価することも重要である。土地の評価により，土壌汚染が発覚すれば建設計画は白紙撤回されることもある。

経営者は，投資計画の策定に際して，起こりうる環境変化に対する選択肢を有している。選択肢は，実際に状況が変化したときに実施する代替案であり，

状況が変化しなければ計画通り進めればよい。多くの可能性を考慮した計画であれば，投資家は経営者の慎重な計画を評価する。代替案を選択できる権利，すなわち，オプション（option）は行使しなくてもよいが，オプションを有していることは投資家に評価される。状況に応じて，将来キャッシュフローにプラスの影響を及ぼす選択権を有することは，資本の価値評価に織り込まれる[iv]。

具体的な事例で考えてみよう。3億円で1年間限定のイベントを計画している。イベントが成功すれば観客動員数は200万人で失敗すれば50万人しか見込まれないとしよう。成功と失敗の確率は50％とする。1人あたりの入場料は1,000円である。計算を単純化する目的で，収入のすべては1期末に入金されるものとする。

このイベントが成功すれば，入場料収入は20億円になるが，失敗の場合は5億円である。このイベントの運営費は，人件費や水道光熱費などの諸経費を合わせて，年間10億円必要である。この支払いは期末に支払うものとする。したがって，1年後末には，確率50％で10億円を稼ぎ，確率50％で5億円の支出超過となる。その期待値は，2億5千万円である。資本コストが12.5％とすれば，このプロジェクトの現在価値は2億円であり，正味現在価値は−1億円となる。

しかし，失敗の場合のオプションとして，イベントの中止や運営経費の削減というオプションをもっていた場合はどうなるであろうか。イベントが中止できるのであれば，1年後末の支出超過はゼロとなる。期待値は5億円，現在価値は4億円であり，正味現在価値は1億円のプラスになる。イベントの中止というオプションは，このオプションをもたないときに比べて2億円高くなる。これがリアル・オプションの価値である。

運営経費を削減できるオプションを有している場合も同様である。失敗の場合に，運営経費を10億円から5億円に減額できるのであれば，イベントの中止と同じ価値をもつ。経営者が投資プロジェクトに選択肢を有すれば，それだけプロジェクトの価値は高くなるのである。こうした事例は，いくつも考えられるであろう[v]。

(6) 投資の経済計算の意味

　内部利益率法と正味現在価値法は，ともに時間価値とリスクを考慮している点で，企業価値最大化と整合的であり，合理的な投資の経済計算とされる。しかしながら，実務上の判断基準では，回収期間法などの評価基準と優劣を比較するのはむずかしい。

　確かに回収期間法などは，それ自身の尺度に，時間価値やリスクを考慮していない。しかし，投資尺度を使用する経営者の立場になってみよう。回収期間法を利用するのは，将来が不確実であるため，早期の回収を優先している。すなわち，回収期間の許容範囲は，キャッシュフローに対するリスクを考慮して決められるのである。長期間のキャッシュフローが比較的安定的に予測できるとすれば，許容期間を短くする理由はない。許容期間後に大きなキャッシュフローが期待されているにもかかわらず，これを考慮しない経営者はいない。環境変化が激しい場合には，もっともらしく将来キャッシュフローを見積もっていたとしても，高い不確実性と比較考量して回収期間を優先する可能性がある。

　そもそも，プロジェクトを計画している経営者は，計画策定段階で実施すべき計画と却下すべき計画を判断している。魅力的なプロジェクトと感じるものは，実現可能性があり，企業価値を高めると判断し，そのうえで説明のために投資の経済計算を使用する。結果が先にあり，その答えを出すために投資モデルを利用するのである。

　実現可能性に疑いをもち，企業価値を毀損させるであろうプロジェクトが，NPV 法や IRR 法の計算によって採択されるとなれば，有能な経営者は再度計算のやり直しを命じ，プロジェクトを却下させるような解を求めるべきである。投資の経済計算を機械的に信じる経営者は，株主のエージェントとして相応しくないだけでなく，従業員の雇用も守れないであろう。提案されるプロジェクトを投資評価モデルで判断する経営者は，無能な経営者である。評価モデルを利用するのは，経営者が自らの判断を整理し，第三者に説明する手段である。

　プロジェクトの実行には，株主や従業員などステークホルダーの同意を得る必

要がある。ステークホルダーを説得するには、合理的な説明が求められる。将来キャッシュフローの数値をつくり、資本コストを推計し、現在価値や内部利益率を計算して投資家の判断を仰ぐのである。経営者が実行を決意すれば、いかなるプロジェクトも採用に値するような計算結果をつくることができる。その意義は、投資家に対する説明責任であり、投資計画の全体像を理路整然と説明することで、経営陣が意思決定内容を共有し、従業員に進むべき方向を示すことになる。

注

i) これらの問題は経済学における生産関数の問題である。
ii) 亀川雅人(2002)参照。
iii) 投資家は、市場における分散投資が可能である。企業が新たなプロジェクトを実行することで、事業を多角化し、分散投資効果によりリスクを削減できる。それゆえ、新規プロジェクトの資本コストは単独のプロジェクトの資本コストではなく、分散投資効果により低下した企業の平均コストを想定するかもしれない。しかしながら、投資家は企業が分散投資するか否かにかかわらず、資本市場で分散投資をしている。それゆえ、個々のプロジェクトの資本コストは、当該企業の資本コストではなく、新たな事業の資本コストを測定することになる。
iv) 刈屋武昭監修, 山本大輔(2001)を参照。
v) リアル・オプションは、金融オプションのコール・オプションとプット・オプションに見立てられる。コール・オプションの所有者は、原資産の市場価格が行使価格以上になると権利を行使する。リアル・オプションで考えると、一定期間後にプロジェクトを実行できる権利をもち、この権利を行使できる。このコール・オプションの価格は、ブラック・ショールズ(Black, F. and M. Scholes)(1973)のヨーロッパ型オプションの評価式で表すと以下のようになる。

$$C_0 = S \cdot N(d_1) - X \cdot e^{-r_f T} \cdot N(d_1 - \sigma\sqrt{T})$$

ただし、 $d_1 = \dfrac{ln(S/X) + [r_f(\sigma^2/2)]T}{\sigma\sqrt{T}}$

ここで、C_0 はコール・オプションの価格、S は現時点の原資産の価格であり、プロジェクト実施による獲得されるキャッシュフローの現在価値、σ は原資産の年次の価格変動性(ボラティリティ)、X は権利行使価格であり、プロジェクトの必要度投資額、T は満期までの期間であり、プロジェクトの採否決定の期間、そして、r_f は無リスク利子率、ln は e を底とする自然対数、$N(d)$ は標準正規分布の累積分布関数である。

プット・オプションの価格 P_0 は、以下のようになる。

$$P_0 = -S \cdot N(-d_1) + X \cdot e^{-r_f T} \cdot N(\sigma\sqrt{T} - d_1)$$

プット・オプションは、原資産の市場価格(縮小プロジェクトの継続によりもたらされるキャッシュフローの現在価値)が行使価格(縮小による投資減額)以下になると権利を行使する。T は縮小の決定までの期間である。なお、ブラック・ショールズ・モデルの具体的な数値例は岸本光永(2002) pp.178-182 がわかりやすい。

第8章　キャッシュフローと資本コスト

(1)　プロジェクトの評価

　企業評価は，事業活動の将来キャッシュフロー予想に始まる。しかし，企業財務の議論では，キャッシュフローの予想や見積もりは与件とされる。将来キャッシュフローの予想がなされたことを前提に，事業評価や投資の経済計算が説明される。キャッシュフローの重要性は指摘されるが，考察の対象にはならない。実際のところ，キャッシュフローが正確に予想されれば，現在価値計算やリスク評価は取るに足らないことなのだが，その本質的部分を理解しないままモデルの説明に終始し，実務上の肝心な部分が等閑にされることになる。

　企業活動のキャッシュフローは，営業キャッシュフローと投資キャッシュフロー，それに財務キャッシュフローから構成されるキャッシュフロー計算書で開示される。営業キャッシュフローの期待が事業活動の契機となり，投資を動機づけ，資本調達活動が要請される。将来にわたる営業キャッシュフローが企業評価の基本となるが，投資活動と財務活動によるキャッシュフローの総合的評価が必要である。

　事業が生み出す将来キャッシュフローと投資支出を比較考量するのは，正味現在価値や内部利益率法である。企業価値を高めない投資決定は，将来キャッシュフローを稼ぎ出す場合でも却下される。したがって，営業キャッシュフローを予想し，これを実現するための投資キャッシュフローが比較され，その合理性が財務キャッシュフローの数値となって問われることになる。

　財務キャッシュフローは，投資計画を実施する際に必要な借入金や社債発行，新株発行などの資本調達額と，借入金の返済や社債の償還，自社株買いや配当金の支払いなど，投資家に流出入するキャッシュフローを記載する。それは，

使途にかかわらず,投資家に還流する最終的なキャッシュフローを表わす部分である。それゆえ,財務キャッシュフローを予想し,現在価値計算をすることで企業評価が行われることになる。

もちろん,投資の判断基準は,現在のキャッシュフローではなく,将来のキャッシュフローである。一時的に企業内のキャッシュフローが増加しても,投資家に支払われるキャッシュフローでなければ評価対象とはならない。今期,最高益を記録しても,翌年以降の投資家へのキャッシュフローが期待できない状況では評価されない。逆に,赤字を記録しても,将来の財務キャッシュフローが期待されれば,企業価値は上昇の可能性をもつ。

営業キャッシュフローと投資キャッシュフローの合計はフリー・キャッシュフローとよばれ,経営者が裁量的に使用可能なキャッシュフローとされる。成熟企業は,営業キャッシュフローに比較して,相対的に投資活動が少ないため,フリー・キャッシュフローは潤沢である。多くのフリー・キャッシュフローが期待されると,経営者の裁量余地は拡げられると感じる。しかし,魅力的な機会がなければ,キャッシュフローは投資家に返還しなければならない。投資家は,キャッシュフローの回収目的で投資しているためである。

企業の成長が鈍化すると,フリー・キャッシュフローの増加に反比例するように企業価値が漸減していく。ひとつの事業に寿命がある以上,将来キャッシュフローが萎むという予想である。配当すべきキャッシュフローを従業員の給与や賞与,あるいは,その他の経営資源に支出すれば,企業価値の下落速度が速まり,投資家の権利は剥奪される。経営者が魅力的な投資機会を発見できなければ,その仕事は投資家に返上しなければならない。投資家に配当金を支払うことで,投資家は代替的な成長機会を探索し,再投資することになる。これが市場の資源再配分機能である。

成長機会は,事業の魅力度を反映する。事業からのキャッシュフローが期待できなければ,投資活動や資本調達活動は行われない。投資機会の発見は,将来キャッシュフローの分析からはじまる。しかし,この最初の段階が,最終的な判断基準を提供する。キャッシュフローの質と量,すなわち,リスクと期待

値を評価することになる。

(2)　収入予測と費用構造

　売上予想は，事業の出発点である。売上が期待されて初めて事業を開始するが，売上予想が最大の難題である。売上予想が正確であれば，事業活動にリスクは生じない。しかし，実際には，1日の売上予想もむずかしい。たとえば，飲食店は多くの競合企業が存在しており，一定のパイを奪い合っている。チェーン店をもつ大企業も，1人で経営する零細企業も，人々の食欲という市場で競争する。デパートやコンビニの弁当，ファーストフード，ファミリーレストラン，食堂，高級レストラン，蕎麦屋やラーメン屋，寿司屋など，多様なメニューが消費者の選択肢にある。競合企業の営業活動や価格，新メニューなどが自社の売上に影響する。

　人々の嗜好は，比較的短期のものから長期間継続するものまで多様である。その日の気候は，その日の売上に影響する。天気や寒暖の差により，人々の好む食材は異なるかもしれない。健康志向などは比較的中長期の嗜好変化をもたらすであろう。人口動向は，市場のパイを決める重要な要素である。運動会やイベントなどで1日限りの人口増加もあれば，都市開発などによる中長期的な人口流入がある。

　環境条件は多数存在するが，売上に与える影響は，時間的にも金額的にもさまざまである。環境の影響は，業種により異なる。技術開発状況に反応する業種，法律の改正や条例により影響を受ける業種，為替レートの影響や経済の好不況への感応度，特定業種に対する売上依存度，金利水準など，多様な環境要因が，異なる業種間にさまざまな影響を及ぼしている。

　売上収入は，価格と数量の積であり，売上数量は価格により左右される。つまり，需要は価格の関数となる。しかし，価格のみではなく，自社の財・サービスの質や量，広告宣伝費，その他のマーケティング活動，そして，自社の供給能力による制約もある。これらは，経営者がコントロール可能な変数である。

経営者は価格を決定するが，価格自体が財・サービスの質に応じて決められる。それは，ターゲットの絞り込みと同時決定である。財・サービスの質の変化は，きわめて短期的な売上要因から，長期的な売上要因まで多様である。長期的に質を変化させるには，生産技術の改善や従業員の能力開発に取り組むことが必要になる。

差別化した商品価格は，特殊な市場を占有するために，購入量が予測しやすい。他社と類似の質であれば，他社と共通の市場となり，価格の差異化も困難となる。それでも，広告宣伝活動の強化や営業員の増員などにより，売上を増やす努力が行われる。新聞折込みは，その日の売上増を期待させるし，営業員の増員は，中長期的な売上げ増加を期待する。

他方，人々の嗜好や法令，経済の状況，他社の財・サービスの質や価格，他社のマーケティング活動などにも影響を受ける。環境変化は，各企業のキャッシュフローに関する固有のニュースとなり，投資家の評価に影響を及ぼす。こうした環境要因は，経営者がコントロールできない制約条件となる。

自動車メーカーを評価するには，自動車の価値を発見し，その売上や費用を分析して将来キャッシュフローを予想しなければならない。自動車の価値は，当該工場で生産される自動車の価格や質のみならず，広告活動や営業方法などのマーケティング手法といった企業経営の巧拙で決まる部分がある。他方，ライバル自動車の性能やデザイン，道路などのインフラ，石油価格，それにタクシーやバス，鉄道事業といった交通関連事業の整備状況なども影響する。

しかし，それだけではない。直接的には関係のないあらゆる製品やサービスのなかで相対的に決まる。食料品や医療費などの必需品の価格が高くなれば，自動車の売上は多少とも影響を受ける。ゲーム機や通信費にコストがかかれば，自動車にかけられる費用は節約しなければならない。あらゆる生産物の価格は相互に依存して決まる。この考え方は，経済学における一般均衡理論である。

こうした自動車の価値決定を鑑みると，自動車会社のキャッシュフロー予想は，容易なことではない。それでも，経営者の期待がなければ事業活動は始まらない。キャッシュフローの予想は，マーケティング戦略を詳細な数字に落と

将来の一定期間にわたる売上期待があり，これを実現しようとすれば，何らかの投資決定が必要になる。経営者が予想売上に応じた規模を決定し，予想売上を達成するための業務を開始することが投資決定である。投資が実行されると，経営者は一定期間にわたりコントロール不能なコストを決めることになる。それは売上の変動にかかわらず，変更できない固定的なコストとなる。固定的コストが過大であれば，企業活動は環境変化に順応できない。したがって，経営者は環境を予測しつつ，将来キャッシュフローを実現するための意思決定をしなければならない。さまざまな要因が絡み合うなかで，自社でコントロールできない制約要因を分析し，その動向が自社の財・サービスに与える影響を検討した上で意思決定する。

　これが経営者の意思決定であり，事業構造や費用構造の決定である。起こりうる状況に応じた選択肢が用意され，経営者はコントロール可能な余地を残すように工夫する[i]。経営者が意思決定を行えば，その決定により一定期間にわたりコストが発生し，新たな制約要因となる。小さな投資は小さな制約要因となり，大きな投資は大きな制約要因となる。ファイナンシャル・マネジメントでは，これらの決定を投資決定の問題として論じている。

　ある意思決定は，他の選択肢を諦めねばならない。期待される売上を実現するための費用は，特定の経営資源を調達し，これを利用することのコストである。選択権を行使すれば，選択余地は狭まり，一定の制約条件におかれる。企業のあらゆる活動は費用として認識されるが，すべては売上ないし事業収入に貢献する活動でなければならない。貢献度と収入を秤にかけることが経営者の能力となる。さまざまな経営資源の能力を把握し，これを適切に結合することで収入に結び付けるのである。

　経営者は，効率的な業務遂行を目指し，キャッシュフローを増加させることが仕事となる。原価を下げる日々の努力や販売費及び一般管理費の費用項目を精査し，無駄を省く努力が行われる。同時に，技術力を高める研修，組織編成や従業員の配置により生産性を高め，経営資源の効率的利用に務めている。

リーダーの良し悪しは，部下の生産性に影響する。パソコンを使用できる人材にパソコンを使用させるのは当然である。時間的要素を加えると，パソコンを使用できる人材を増やす努力も重要になる。経営者は，経営資源の最適な結合を模索し，効率的に収入を獲得するための管理を行っている。この努力は，収入予想に基づく費用（生産・販売方法）の決定につながり，資本利益率に結実する。それは，投資家の資本コストの決定である。

将来キャッシュフローを回収できるか否かはリスクの問題である。収入に見合うコスト負担，換言すれば，コスト負担に相応しい収入の実現は，株主を含む投資家が資本コストに等しい報酬を受け取ることである。しかしながら，経営者のなすべき意思決定に正解はない。投資家は，そして経営者でさえ，キャッシュフローという結果をみるまで正否の判断ができないのである。

(3) キャッシュフローと契約関係

1) 事前契約と事後契約

株主に還元されるキャッシュフローの変化要因には，環境変化とともに，経営者が意思決定した企業内部の構造的問題が関与する。企業の外部環境の影響を最小化するには，キャッシュフローの収入に応じて支出を可変的にコントロールすることである。

たとえば，1,000万円の売上収入が期待されるときには900万円を支出し，2,000万円の売上に際しては，1,800万円の支出をする。これは売上収入を実現するために，90％の支出が必要になるモデルである。言い換えれば，収入の10％を利益として計上できるモデルである。このモデルでは，営業活動からのキャッシュフローがマイナスにならない。

ビジネスにリスクが存在する以上，すべての経営資源に対して確定的な報酬契約は結べない。事前に確定的な契約関係を結べば，報酬の受け手のリスクはなくなる。しかし，報酬を支払う側は，約束を履行するためにリスクを負担することになる。契約期間の長短はあるが，経営資源の取引は，事前に報酬額を

確定する契約と事後に確定する契約がある。

　従業員の給与は，売上収入の多寡にかかわらず，事前に確定する基本給と事後的に確定する成果報酬に分けられる。派遣社員やパートなども，契約期間が異なるだけで，契約期間中の報酬額は，結果にかかわらず確定している部分が多い。他企業から購入する原材料やその他の諸経費なども，収入とは無関係に事前に価格が決まっている。生産や販売の準備で，事前に購入する原材料や商品は，結果の如何を問わず確定したコストを計上する。銀行借入れなどの資本調達も，事前に約定利息を決めている。

　報酬に関する事前の確定契約は，事後的に報酬を受け取る契約者の存在により実現可能となる。予想される収入のなかで，事前確定型の報酬契約が増加すればするほど，事後報酬のリスクは高くなる。

　たとえば，期待収入が100万円であるとしよう。正規分布を仮定し，標準偏差が30万円であるとすれば，およそ3分の2の売上収入は70万円と130万円の間で実現することになる。事前契約の支払報酬額が40万円であれば，事後的報酬の期待値は60万円になり，およそ3分の2が30万から90万円の範囲で実現されることになる。事前確定型の報酬額を70万円にすれば，事後的な報酬の期待値は30万円であるが，その範囲は0から60万円である。さらに，事前契約額を90万円に増やせば，期待値10万円に対して，-20万円から+40万円の間となる。分布の絶対額に変化はないが，期待される報酬に対しては裾野が広がることになる。期待報酬の大きさは，提供する経営資源の大きさに関係し，リスクの尺度は期待報酬に対して測定される。

　株主の報酬契約は，事後的契約である。株主以外の契約関係に可変的要素が多くなれば，株主のキャッシュフローは，そのリスクを他の経営資源に転嫁できる。売上に連動した給与体系や外注化により収入と費用が連動するのであれば，株主のリスクは軽減できる。

2) 固定的支出契約と可変的支出契約

　リスクとリターンの関係を再度考察しよう。高いリスクは参入者が少ないた

め,少ない市場参加者で成功報酬を分け合うことができる。これは,市場の大きさに対するリスク負担者の関係で決まる。しかし,同一の事業内容でも,リスクの負担により,高いリターンが期待できる。固定的な報酬契約の締結は,提供するサービス内容の質を変化させ,企業に高いリターンをもたらす可能性がある。経営者は,一定期間,この意思決定により制約を受けるが,その見返りに高いリターンを期待できるのである。

　固定的支出は,契約により事前に支出が決まる。それに対し,可変的支出は,売上収入の実現ないし注文の発生の後に事後的に決まる。固定的支出は売上収入に無関係であるため,売上の減少によりキャッシュフローの赤字が顕在化する。このリスクに対する報酬は,売上増加の際の高いリターンの実現である。固定的支出は,経営資源の買手(企業)にとってはリスクであるが[ii],売手からみると安定した収入源である。売手が,所得の安定性を評価すれば,低いリターンで経営資源を提供する。このとき,買手はリスクの見返りに高リターンを得られるのである。

　継続雇用を前提とした固定給という賃金制度は,景気低迷期における企業経営の最大のリスク要因となる。そのため,多くの企業は,柔軟な雇用制度により,給与の固定化を回避しようとする。しかし,従業員は,高い給与を期待しない代わりに安定した所得を確保し,経験や熟練度を高めることで仕事への抵抗を少なくする。慣れ親しんだ仕事は,不慣れな新しい仕事に比べて従業員の要求する報酬を少なくさせる要因である。そのため,企業は相対的に安価な労働サービスを調達できる。加えて,雇用に関する取引コストの削減効果も見込まれる。仕事量に応じた従業員の雇用は,求人コストを発生させるが,継続雇用では雇用コストを最小化できる。しかも,従業員の技術やノウハウなどが蓄積し,学習効果も期待され,生産性の上昇に寄与する。

　設備を所有すれば,これを稼動させるための従業員や保守点検などの固定的支出が発生する。借入金で取得した設備であれば,償還期間にわたる元本と利息の支払いが発生する[iii]。その一方で,設備の規模拡大による量産効果が期待でき,規模の経済性を享受できる。注文に応じて受発注を繰り返す取引コス

トも軽減され，利益を上乗せしたキャッシュフローが期待できる。他方，設備をもたなければ，売上に応じて外注するか，設備をレンタルすることになる。リスクは軽減されるが，当該企業の支出は，注文先企業やレンタル会社間の取引コストにより増加し，利益を圧迫することになる。

3) 収支分岐点

具体的に考察してみよう。設備のリースや従業員の給与など，一定の固定的支出契約を結ぶ理由を考えよう。生産や販売量にかかわらず，毎年500万円の支出が固定的に発生するモデルである。総支出 TE は，固定的支出 FE と生産・販売量に応じて増加する可変的支出 VE の合計である。労働サービスや生産手段に対する支出など，通常，固定的支出を伴う契約は，生産量や販売量の増加が利益に貢献する契約であり，レバレッジ（テコ）効果を期待している。500万円の固定的支出は，それに見合ったリターンの実現を期待しているのである。

1,000万円の売上水準では，500万円の固定的支出と450万円の可変的支出により，合計950万円の支出が必要になるとしよう。総収入 TR と総支出 TE の差額である正味キャッシュフロー NC は50万円である。総収入は，販売価格 P と販売数量 Q の積である。販売価格100円で10万個の販売である。可変的支出は1個当たり45円になる。したがって，以下のような式で示される。

$$NC = TR - TE = PQ - (FE + VE)$$
$$= PQ - (500万円 + 45円 \times Q)$$
$$50万円 = 1,000万円 - (500万円 + 45円 \times 10万個) \quad ①$$

2,000万円の売上に対しては可変的支出が900万円となり，総支出は1,400万円になる。固定的支出を受け入れる代わりに，可変的支出の削減メリットが期待され，正味キャッシュフローは50万円から600万円に増加する。固定的支出がテコとなり，正味キャッシュフローを増加させるのである。テコであるため，売上減少によりマイナスとなる。5万個の販売数量であれば，総収入は500万円，総支出は950万円となり，450万円の支出超過となる。

収支分岐点の販売数量は，総収入（$TR = PQ$）と総支出（$TE = FE + VE$）が

等しくなる販売数量 Q である。それゆえ，以下のようになる。

$$100 円 \times Q = 500 万円 + 45 円 \times Q$$
$$Q ≒ 90,909 \qquad\qquad\qquad\qquad\qquad ②$$

　固定的支出契約を1,000万円にすると1個あたりの可変的支出が20円になるとしよう。5万個の販売では600万円の支出超過，12万5,000個の販売で収支が均衡し，20万個の販売になると固定的支出が500万円のときと同じ正味キャッシュフロー600万円になる。期待販売量が20万個以下であれば，500万円の固定的支出契約が選好される。しかし，20万個を越えると，1,000万円の固定的支出契約が意味をもってくる。25万個の販売では，1,000万円の固定的支出契約の正味キャッシュフローは1,000万円であり，500万円の固定的支出契約は875万円，30万個の販売では，前者は1,400万円，後者は1,150万円，40万個で2,200万円と1,700万円というように，生産量の増加とともに徐々に差が開くことになる。

　固定的支出と可変的支出の分解は，キャッシュフローの収支分岐点を分析するために必要であるが，それは企業の事業構造を示すものである。この構造は，有形固定資産などの物的資産をイメージしがちであるが，それは損益分岐点分析にみられる減価償却費を考えるためである。収支分岐点は，事前の契約関係

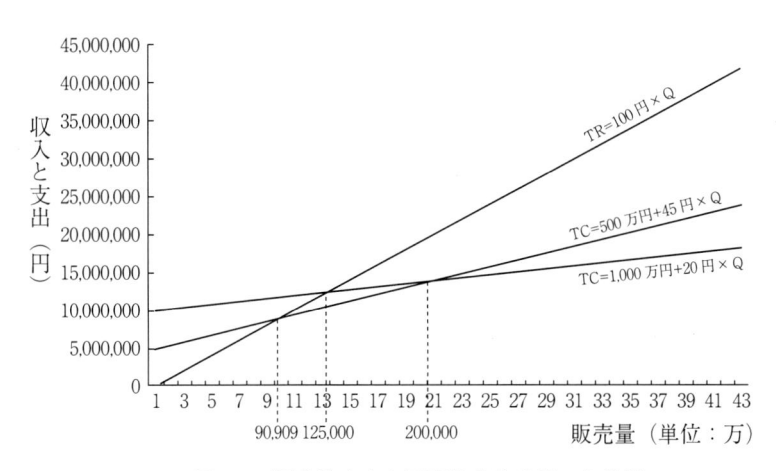

図8-1　固定的支出と可変的支出のリスク比較

に基づくキャッシュフローと事後的に実現するキャッシュフローの関係を問題にしており，サンクコストである減価償却費とは関係ない[iv]。

4) 事業構造と契約関係

　事業構造は，契約上の固定的支出と可変的支出の組合せであり，ステークホルダーとの契約関係を意味している。固定的支出契約は，テコ作用により正味キャッシュフローの増減幅を拡げる。したがって，予想される収入の変動幅に応じた契約関係を模索しなければならない。大きな収入変動が予想される事業であれば，支出契約を柔軟にしなければ危険である。安定した収入が期待されるのであれば，固定的な契約関係によりリターンを追求すべきである。収入に連動した支出構造の構築は，市場競争に淘汰されない継続的事業の条件である。

　以上のように，企業資本の価値は，ステークホルダーとの契約関係に依存しており，その契約関係は企業環境との関係のなかで評価されねばならない。企業環境は，評価対象となる事業の内容により異なる。家電メーカーと食品メーカー，小売やサービス業など業種による相違や成長段階における相違がある。それぞれの事業に固有の環境が存在する以上，それぞれに適した契約関係を結び，リスクとリターンの関係を構築することになる。

　契約関係は，企業の成長段階に応じても異なる。ベンチャービジネスの将来キャッシュフローは予測しがたいが，成熟した大企業のキャッシュフローは，比較的容易である。その理由は，成長過程にあるベンチャー企業は，事業の仕組みが常に変化しており，事業に応じた契約関係を模索しているためである。キャッシュフローが10倍に成長することも稀ではない。各ステークホルダー間の報酬が変化し，リスクも高くなる。

　他方，成熟した企業の事業構造は安定しており，契約関係に大きな変化は生じない。キャッシュフローが大きな金額になっていても，その変化率は小さくなる。そのため，ステークホルダー間に支払われる報酬も予測しやすい。しかし，環境変化は成熟企業を淘汰するほどのリスクを内包している。順調に成長してきた大企業でも，景気後退により突然倒産することがある。一般的に，企

業の成長は，固定的契約関係を増加させる。成長に伴うリスクは，固定的支出契約がもたらすリスクである。正味キャッシュフローが増加傾向を示しても，過去のトレンドは単純に適用できない。過去の経験則に基づく安易な事業評価は危険なのである。

また，業種の変更が多い企業やM&Aを繰り返すような企業では，事業の仕組みが変化し，新たな契約関係が必要になる。多角化によるリスク削減効果が期待されるM&Aでも，異なる事業や組織が結合することによるさまざまな摩擦や軋轢が不確実性を高くしている。それゆえ，M&Aは，キャッシュフローの予測が困難な投資活動である。

(4) 経営者・従業員および組織のリスク

技術や経験，あるいは知識等は，それらが将来キャッシュフローを生み出す限り資本として認識される。熟練した労働者の能力は，賃金支払後の残余キャッシュフローに貢献するなら資本である。経営者の能力も，経営者報酬の控除後に残余の期待があれば資本になる。個々の経営者や従業員を評価対象とするだけでなく，個々人が結合した組織も資本の評価対象となる。経営者の個人的能力に基づく将来キャッシュフローと経営者の個人報酬の差額が資本還元されるし，組織メンバーに支払われる将来キャッシュフローと組織メンバーが稼ぐ将来キャッシュフローの差額が資本の評価対象となる。

仕事は，有形・無形のさまざまな過去のストックを使用するため，物的生産手段と人的資本の評価を峻別できない。同じ物的資産を用いてもキャッシュフローに多寡が生じるのは，人的資本に起因する[v]。しかし，人的資本は，自然人の能力に依拠した固有のリスクを生み出す。特定の個人能力に基づいて，企業という資本価値が変動することになる。

一例を挙げよう。映画は，さまざまな要素が結合して興行収入を得る。映画監督の能力が興行収入を左右することもあるし，脚本家の能力によるところもある。あるいは，大スターの出演がカギを握っていることもあろう。面白くも

ない映画がヒットすれば，スターのお陰かもしれない。1本の映画については，諸種の理由が考えられるが，映画事業を買収する際，映画監督やスタッフの能力を評価せずに買収価格は算定できない。有能な監督が退社してしまえば，価値のない事業会社になるかもしれない。

しかし，いかに映画が成功し，多額の興行収入が得られたとしても，監督やスタッフの給与として，成功報酬のすべてを支払えば，残余所得は期待できず，映画事業は資本として価値をもたない。映画事業は投資家にとって魅力のない投資機会となり，事業化されなければ，監督やスタッフの雇用先が消滅する。事前契約により給与を保証し，確定することは，事後契約となる資本家の所得源泉である。成功報酬が株主に分配されなければ，消費の耐忍とリスクを負担する投資家は現れない。

企業は資本の結合体として物的関係に置き換えられるが，その価値を創出するのは人間である。顧客との関係，企業間関係，金融機関との関係など，いずれのステークホルダーとも人間系の交渉により関係構築がなされている。資本家は，人間系の取引関係から将来キャッシュフローを期待しているのである。しかしながら，このような取引関係に投資しても，蓄積された人的資本を拘束することはできない。退職希望や病気などにより，将来キャッシュフローが期待できなくなるリスクが存在している。

人的資本の評価のなかでも，最も大きなリスクは経営者に関するものである。経営者は，人的資本を管理し，企業を取り巻く多様なステークホルダーの調整を行うことで，残余所得をもたらす。優秀な人材を確保することも経営者の能力に依存するし，優れた組織をつくるのも経営者である。したがって，経営者によりキャッシュフローの質・量が決まるのである。

株主は，経営者が策定し，実施する戦略の実現可能性に賭け，リスクを負っている。このリスクは，経営者の能力やその他の市場の変動要因を含んでいる。机上の戦略が高く評価される場合でも，資本価値の増加につながるか否かは，これを実施する経営者や従業員に依存する。細部にわたり同じ計画が策定されたとしても，経営者が異なれば，同じ結果を得るとはいえない。

戦略を実施する経営者のリーダーシップや使命感，事業にかける情熱，従業員のやる気や忠誠心などが異なれば，期待される結果は相違する。魅力的な上司は，部下の能力を十二分に発揮させるが，魅力のない上司は，部下のやる気を削いでしまう。リーダーシップや人事管理手法などのさまざまな経営手法が経営戦略の成否に影響を及ぼすため，資本市場は経営者の能力や企業の組織力を評価するのである。

能力のある経営者の辞任や事故により，経営者が仕事を継続できない状況に陥れば企業活動は滞り，将来キャッシュフローの期待は低下する。何らかの理由で従業員の忠誠心ややる気が失われても同じである。これらは，将来キャッシュフローを変動させる重要な要因である。

成熟した大企業では，多くの有能な人材を抱えており，経営者の交替が企業評価に影響を及ぼさないことがある。組織が確立されており，個々人の能力に合致した権限と責任が明確化している。そのため，環境変化が組織の見直しを迫らない限り，経営者の交代は企業価値に特別な影響を与えない。人材が豊富な大企業の戦略は，一人の経営者ではなく複数の経営陣により策定され，個々の能力は相互に補完される仕組みが構築されている。

歴史が長ければ，過去の失敗や事故などの事例が組織的に学習され，新たな事態に対応できる体制を構築する。さまざまなノウハウが組織に蓄積されているため，循環的な企業環境にあっては，経営者や従業員の個人的能力に組織能力が代替し，キャッシュフローの変動を最小化するのである。

しかし，歴史の浅い新興企業や中小企業は，組織的な学習経験がない。有能な人材の確保もむずかしい。トップを代替する人的な態勢が整っておらず，従業員の組織的能力も蓄積していない。個々人の能力が企業価値に強く関わることになる。経営者の退任や事故による不在は，平時であっても企業の存亡にかかわる問題となる。

株式市場では，経営者の策定する戦略を，経営者個人の資質や組織のもつ能力と関係させて評価している。すべての企業に共通しているわけではないが，比較的安定した大企業の経営者や組織に対する信頼度は高く，それゆえ安定し

た評価をする。一方,上場したての新興企業の経営者や組織に対する信頼度は相対的に低く,不安な要素を抱えた評価となる。未上場の中小企業であれば,オーナー経営者ゆえの問題を抱えている。株式会社という法人格を有していても,その実態は自然人であり,人間としての経営者が健康面を含めて評価対象となる。高齢な経営者であれば,肉体的な衰えがリスク要因となり,企業の資本価値を低下させている。このように人的資本は,キャッシュフロー予測における最もむずかしい要素であると同時に,企業評価に影響を与える最大の要素なのである。

(5) 証券市場とキャッシュフロー

　企業の最終的なキャッシュフローは,投資家に還元されることで評価対象となる。キャッシュフロー計算書における財務キャッシュフローをみるだけではなく,投資家の手取り額を検討しなければならない。証券市場における投資家は,証券の購入時点でマイナスのキャッシュフローを経験し,売却時点でプラスのキャッシュフローを実現する。所有期間中は,配当金や利息としてキャッシュフローを受け取るが,いずれにしても,いつかは売却し,投資額以上のキャッシュフローを回収しようとする。

　上場企業の株価は市場の需要と供給で決まるが,市場が存在しない場合は,相対(あいたい)の交渉で決めねばならない。売買当事者の双方が納得する価格で売買が成立し,納得しない場合には,売買が成立しない。売却を希望する投資家は,自分の希望価格で購入する投資家を探さなければならず,購入希望の投資家は,希望する価格で売却してくれる投資家を探さねばならない。市場とは,売買を希望する投資家を結び付ける情報提供の場である。市場が存在しなければ,情報収集のために長い時間と労力が必要となる。

　市場の需給調節機能は,情報交換を前提としており,その機能が働かない場合には,投資家のコスト負担は非常に大きなものとなる。未上場企業が上場する際の株価は,こうした取引コストの減少により株価上昇に導く。投資家はい

つでも現金化することができる流動性を高く評価しているのである。上場廃止の情報が伝達されると、取引コストの負担を嫌気して株式が売却され、大幅な株価下落を経験する。

上場基準は、市場により異なるが、この基準を満たせなくなるような状況に陥ることは、投資家にとって大きなリスクとなる。証券取引所は、第一部と第二部というような上場区分を設けており、この区分ごとに発行済み株式数や株主数の基準を設けると同時に、上場廃止基準として、株主数や流通株式数、流通株式時価総額、時価総額、売買高などの基準を設けている。もちろん、有価証券報告書の虚偽記載や監査報告書等の不適正意見等の記載によって上場廃止となることがある。株価の暴落や株式市場の取引が低迷すると上場廃止に陥る可能性が高まることになる。

投資家にとって、市場取引の有無は、キャッシュフローを回収する際の取引コストにかかわる。有価証券の売買手数料の増減や市場の売買システムの障害は、取引コストの変動要因であり、投資家にとってのリスクである。投資家のキャッシュフロー予測は、市場のあり方を考慮したうえでの予測なのである。

(6) キャッシュフローと資本コスト

キャッシュフローの予測は、同時に資本コストの推計でもある。経営者がさまざまな要因を織り込み、緻密なキャッシュフロー予測を示すことができれば、投資家の信頼を得ることができる。緻密な予測とは、プロジェクトに関する詳細な計画を意味する。同じ内容の事業計画でも、一方の経営者が起こりうる多様な状況を想定し、他方が、曖昧で杜撰な計画を提示すれば、合理的投資家は前者を選択するはずである。この投資家の選択が企業評価となる。

同一の予想キャッシュフローを示しても、前者の投資評価が高ければ、前者の資本コストが低いことになる。実務の世界では、ベンチャーの提案に対して、一律に20％とか30％というような資本コストを適応することがある。しかし、そうした評価手法は、資本コストの意味を理解していない。提案された事業計

画が，信頼される内容であれば出資に応じるし，説明力に欠けていれば躊躇する。資本コストは，提案されるプロジェクトのキャッシュフロー評価により，それぞれ異なるのである。

　資本評価とは，キャッシュフローの予測に始まり，キャッシュフローの予測で終わる。キャッシュフローが最も重要な資本評価のコアなのである。

注
　i) リアル・オプションは，コントロール可能な状況を評価している。
　ii) 価格変動の高い資源の調達に際して，価格を安定化させることはリスクの低下要因と考えられる。しかし，売上に対する固定的支出契約は可変的支出契約よりも高いリスクを負うことになる。
　iii) 融資契約も固定金利と変動金利では異なる条件となる。固定的な金利の支払いは，借り手にとってリスクが小さいために多めの支払いができるが，変動金利は借り手のリスクが大きいために，少なめの支払いとなる。固定金利の受け手は，運用先を固定化するリスクを負い，変動金利では実質的に運用先を変更することが可能となる。
　iv) 損益分岐点と収支分岐点の議論は，期間損益とキャッシュフロー・プロフィットの相違を明確にする必要がある。
　v) 人的資本以外にも，立地条件や外部効果としての社会関係資本などの影響が考えられる。

第9章　資本構成と企業価値

(1)　資本構成の問題とは何か

　企業活動は，事業の計画に応じて資本を調達し，これを運用して計画の実現を目指す。すでに説明してきたように，企業価値は，企業の活動から獲得される将来キャッシュフローを資本コストで割り引くことで求められる。具体的には，発行済み株式の時価総額と負債の市場価値合計とみなされる。

　ここで問題となるのは，株式と社債あるいは借入金の組合せ方法，すなわち資本調達方法である。組合せを変えることで，企業価値が変化するのであれば，企業価値を最大にする最適な資本調達方法を探す必要がある。これが，最適資本構成の問題である。この問題は，視点を変えれば資本コストの問題である。

　企業が稼ぎ出す将来キャッシュフローは，企業活動の成果であるため，それ自身は資本調達の方法に影響されない。しかし，企業の将来キャッシュフローを割り引く資本コストは変化するかもしれない。この資本コストは，株主が要求する利益率（自己資本コスト）と債権者が要求する利益率（他人資本コスト）から構成される。自己資本コストと他人資本コストは，それぞれに異なるため，資本コストを最低にするような資本調達方法を発見すれば，それは企業価値を最大化する最適資本構成となる。

　したがって，資本構成の問題とは，企業価値を最大化する資本調達方法，もしくは資本コストを最低にする資本調達方法の選択である。資本構成が企業価値に影響を及ぼさないのであれば，あるいは資本調達方法にかかわらず，資本コストが一定であるとすれば，経営者は資本調達に悩まされなくなる。

　資本構成は資本調達源泉であり，貸借対照表における貸方の勘定科目を問題とする。それは，買掛金や支払手形，短期借入金などの流動負債と長期借入金,

社債などの固定負債，そして株式発行と内部留保による純資産からなる。しかし，一般的には固定負債と純資産に限定した議論となる。流動負債も資本構成の一部であるが，1年以内に返済義務をもつ負債は，継続的な企業の価値を構成しない。流動資産から流動負債を控除した正味運転資本を支えるのは，固定負債と純資産である[i]。したがって，本章の議論は，正味運転資本とそれ以外の固定資産に対する資本源泉とする。

(2) 加重平均資本コスト

　企業評価は，企業が稼ぐ将来キャッシュフローを一定の資本コストで資本還元したものであり，資本コストが小さければ小さいほど企業価値は高くなる。資本コストは資本提供者の要求する必要最低利益率であるが，投資家は投資条件により異なるコストを要求する。将来の期待キャッシュフローを所与とすれば，その分配条件により投資家の評価に差が生じるのは合理的である。

　第5章で説明したように，企業の資本調達方法は多様であるが，大きな括り方をすれば自己資本（株主資本）と他人資本（負債）に分類できる。株主は，あらゆる支払を完了し，残余がある時に報酬を受け取る権利をもつ。報酬形態は配当と株価上昇によるキャピタルゲインである。その報酬に上限はないが，下限はゼロである。他人資本の供給者は，貸付に対する利息を報酬とする。元本回収と受取利息の確からしさによりリスクが異なる。借入金や社債など，契約により支払条件は異なるが，いずれも株主よりも優先的に利子を受け取る権利を有する。そのため，他人資本の投資は，株式投資に比較してリスクが小さい。

　したがって，資本コストは，自己資本コスト＞他人資本コストという関係が成り立つ。ただし，この関係が成立するのは同一企業に対する株式投資と貸付を比較した場合である。倒産しそうな企業への融資は，優良企業の株式投資より高いリスクを負担する。

　各企業は，それぞれの契約に応じて投資家の必要最低利益率を稼がねばならない。株主が10％を要求し，債権者が5％を要求するのであれば，両者の要求

を満たす利益率を稼がねばならない。この要求額の算出は，調達する金額により加重平均する必要がある。企業の株主資本が60億円で，借入金が40億円であるとしよう。企業が稼がねばならない利益は，株主に対しては6億円，債権者に対しては2億円であり，企業全体としては8億円が必要となる。100億円に対して8億円が必要であるため，8%の資本利益率を稼がねばならない。この利益率は，10%と5%を単純に平均した7.5%ではなく，加重平均した利益率，すなわち加重平均資本コスト（Weighted Average Cost of Capital：$WACC$）である。

加重平均資本コストは，自己資本と他人資本の使用割合に応じてウエイトをつけた平均値である。100億円の総資本の内訳は，自己資本60億円，他人資本40億円である。自己資本コスト10%，他人資本コスト5%の場合，下記の計算から加重平均資本コストは8%になる。

$$\frac{60 \text{億円}}{100 \text{億円}} 10\% + \frac{40 \text{億円}}{100 \text{億円}} 5\% = 8\% \qquad ①$$

ウエイトとなるのは，100億円の総資本に占める株主資本60億円，すなわち，60%と総資本に占める負債の割合40%である。ウエイトの合計は1になる。

上式から企業の資本コストを最小にする最適資本構成を考えてみよう。自己資本コストと他人資本コストが所与であれば，自己資本を減らし，他人資本を増やせば良い。自己資本を10億円，他人資本を90億円にしてみよう。①式に代入すれば，加重平均資本コスト5.5%になる。負債を最大限利用すれば，加重平均資本コストは5%に近づくことになる。

しかしながら，この選択は常識とは正反対である。一般に，経営者は自己資本比率を高め，負債利用を敬遠し，無借金経営を優良企業と考える。この常識は，加重平均資本コストの最小化と矛盾しているのであろうか。$WACC$は，下記の式のように示される。

$$\frac{S}{V} k_s + \frac{B}{V} i = WACC \qquad ②$$

ここでk_s＝自己資本コスト，i＝他人資本コスト（負債利子率），S＝株式時価総額，B＝他人資本（負債）の市場価値，V＝企業価値である。$k_s > i$の時，

負債を増やせば、WACCは引き下げられる。

　この問題を他人資本供給者の立場から考えてみよう。企業の総資本に占める負債の増加は何を意味するであろうか。事業の稼ぐキャッシュフローは他人資本の増加によって変化しないが、景気変動により増減する。キャッシュフローが減少すると、利息の支払いが滞る可能性は高まる。他人資本の供給者は、負債の増加に伴い、リスクの上昇を感じるようになる。これは、他人資本コストの上昇を意味する。法律上存在しないが、100％他人資本の企業が存在するとすれば、この企業に他人資本を供給する債権者は、100％自己資本の出資者と同じリスクを負担していることになる[ii]。このとき、それぞれの資本コストは同一になる。

　他方、自己資本供給者の立場を考えてみよう。出資をするか否かの意思決定は、株式投資利益率が株主資本コスト以上の期待形成のときに行われる。下記の③式をみてみよう[iii]。この式は、財務諸表上の帳簿価額で計算される株主資本利益率 ROE を、総資産利益率 ROA、負債利子率 i、そして自己資本 E と他人資本 L の比率で示す恒等式である。

$$ROE = ROA + (ROA - i)\frac{L}{E} \qquad ③$$

　ROA が負債利子率 i を上回れば、負債の増加に伴い ROE は高まる。合理的な経営者は、$ROA > i$ の状況を想定して事業を開始するため、通常の状況では、負債比率が高ければ ROE は高くなる。これがレバレッジ効果である。

　自己資本に代えて他人資本を利用すれば、これがテコとなって、ROA の変化は $(ROA - i)$ 倍だけ増幅され、ROE の変化幅が拡大する。他人資本の利用を増やすと、その変化の幅はさらに拡がる。

　$ROA = 8\%$、$i = 5\%$ としよう。③式の L/E の値が0から、1, 2, 3と上昇すれば、ROE は8％から、11％、14％、17％と上昇する。他の事情が一定であれば、株主は、高い利益率を望むはずである。

　しかし、ROA は、景気動向で変化する。売上の変化は、ビジネス・リスクの本質である。負債を利用しない企業は、ROA の変化以上に ROE は変化し

ない。$L/E=0$ であれば，ROA が3%に下降しても，ROE は3%のままである。しかし，$L/E=1$ になると ROE は1%，2になると-1%，そして3になると-3%に変化する。反対に，ROA が10%に上昇すると，$L/E=1$ のとき15%，2では20%，そして3のときに25%になる。

これを同一の L/E で比較してみよう。ROA が3%から10%に変化すると，$L/E=1$ では，1%から15%に変化する。$L/E=2$ では，-1%から20%になり，$L/E=3$ では-3%から25%と大きな変動となる。企業の資本構成は簡単には変更できないため，ROA の変動により，負債利用の高い企業の ROE は，大きな変動を被ることになる。この変化の増幅はリスクの反映である。ここで問題となるのは，リターンの増加による株主の富の増大と，リスク増加による富の減少の関係である。

ROE の変化が大きくなれば，株主のリスクは上昇し，自己資本コストを高めることになる。ROE のレバレッジ効果は，会計上の帳簿価値を前提としたが，株主の富は市場価値を基準にしなければならない。株主の期待する ROE は株式投資利益率であり，ROA は企業価値 V に対する利益率になる[iv]。また，レバレッジは，帳簿価額の L と E ではなく，負債の市場価値総額 B と株式価値総額 S の比率になる。$V=S+B$ の恒等関係が維持される以上，基本的な関係に変化はない。負債資本のコスト i が市場価値基準の ROA を下回れば，レバレッジ効果により株式投資利益率は高められるが，株主リスクの増加は避けられない。

リターンの増加期待による株主の富の増大が，リスクの増加によって完全に相殺されるのであれば，レバレッジの利用は企業価値に無関連となる。しかし，相互に相殺し合わない場合には，企業価値を最大化する資本構成が存在することになる。

(3) 資本構成と企業価値の関係

資本構成と株主の富の関係は，株価分析を必要とする。しかし，株価に注力

すると本質を見失う危険を孕む。株価は株主が受け取る配当金の現在価値であり，配当金は企業資産全体が稼ぐキャッシュフローから負債コストを控除したものである。言い換えると，企業価値から負債の市場価値総額を控除したものが株式時価総額であるから，企業価値の分析を基本に，そこから株価を導出する見方が必要になる。

そこで，完全に同じ事業活動を行う2つの企業を想定する。両企業で異なるのは，資本構成のみである。自己資本100%の企業をU企業，他人資本を利用する企業をL企業とする。事業活動に必要な資産は，現金200万円と固定資産800万円であり，資産の内訳を含めて，まったく同じ活動が期待されている。U企業の貸方は，資本金1,000万円，L企業の貸方は負債500万円＋資本金500万円である。両者を比較することで資本構成の相違による企業価値への影響を考察する（図9-1）。

U・L両企業の事業からの将来キャッシュフローXは同一金額であり，毎年永久に100万円が期待される。なお，法人税はないものと仮定する。U企業の株主には毎年100万円が配当として支払われ，L企業は借入金（5%）に対する

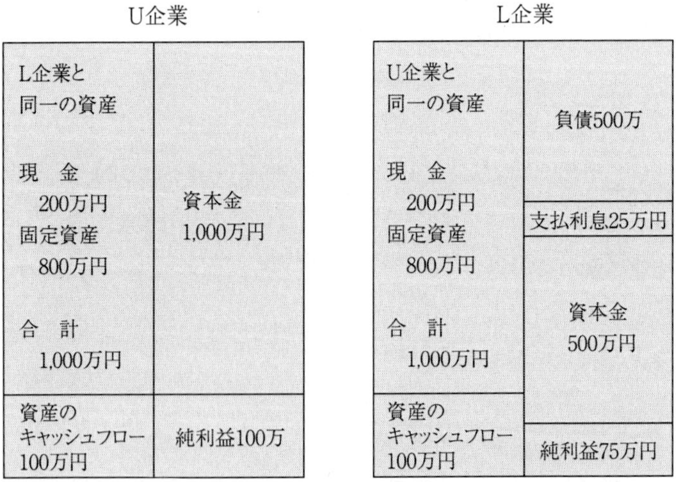

U企業		L企業	
L企業と同一の資産 現　金 　200万円 固定資産 　800万円 合　計 　1,000万円	資本金 1,000万円	U企業と同一の資産 現　金 　200万円 固定資産 　800万円 合　計 　1,000万円	負債500万 支払利息25万円 資本金 500万円
資産のキャッシュフロー 100万円	純利益100万	資産のキャッシュフロー 100万円	純利益75万円

図 9-1

支払利息25万円を控除して、株主への配当金75万円が期待されている。

U企業の資本コストが10％とすると、企業の市場価値（株式時価総額）は、1,000万円となる。これに対して、L企業の加重平均資本コストが8％であるとしよう。投資家は80万円のキャッシュフローで十分と考えているが、100万円が期待される。期待キャッシュフロー100万円を8％で割り引くと、L企業の市場価値は1,250万円になる。負債の市場価値は500万円のままであるから、株主資本の価値は750万円ということになる（図9-2）。

こうした状況が起こると、U企業の経営者と投資家が合理的であれば、自己資本100％を変更することで企業価値の増大を図ろうとする。銀行より500万円を借入れ、発行済み株式の半分である500万円を株主に返還する。その結果、U企業の資本構成はL企業と同じになり、企業価値は1,250万円に増加する。500万円の借入れにより、250万円の価値を生み出したことになる。

反対に、U企業の資本コストが8％で、L企業の加重平均資本コストが10％であるとしよう。今度はU企業の価値が1,250万円となり、L企業の価値は1,000万円である。L企業の株主は、自ら500万円の借金をしてL企業の経営

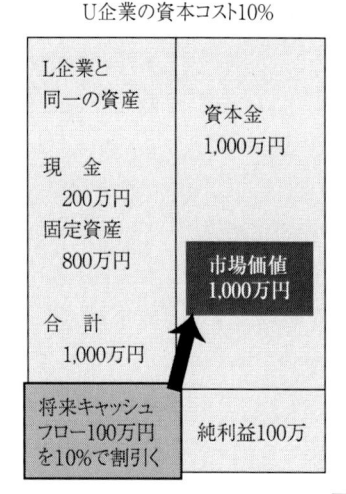

図 9-2

者に500万円の新株発行増資をさせ，これを引き受ける。この増資により企業は借入金500万円を返済し，U企業と同じく自己資本100％の企業になる。この裁定取引の結果，L企業の価値は1,250万円に増加する。株主が自ら借り入れた500万円は，株式500万円分の売却で返済でき，なお750万円の価値をもつ。

いずれの場合も，資本構成の変更により250万円の価値を創出したことになる。しかし，このような企業価値の差によって裁定取引が生じるのであれば，結果的には，資本構成の選択が企業価値に影響を及ぼさないことになる。この結論は，フランコ・モジリアーニ（Franco Modigliani）とマートン・H・ミラー（Merton H. Miller）が1958年の論文で導いたものである[v]。資本構成と企業価値が無関連であるというMM命題である。

MM命題は，資本調達方法に悩む実務家や研究者に衝撃を与えたが，その内容はシンプルなものである。すなわち，道具の価値は道具の使い方で決まるのであり，道具の買い方（ローンで購入するか，現金で購入するか）には関係ないというものである。それは，伝統的な経済学の考え方そのものである。企業の価値は，企業資産の運用方法で決まる。いかなる事業活動を行い，その事業活動からどのようなキャッシュフローが期待されるかに依存する。資金提供者の種類や金額には関係ないのである。貸借対照表は，借方がすべてであり，貸方は借方に合わせて大きさを決めることになる。

(4) 資本構成と資本コスト

資本構成と企業価値の関係は，資本構成と資本コストの関係である。他人資本と自己資本の比率は，財務諸表上の貸借対照表で比較されることが多いが，MMの資本構成の議論はすべて市場価値を基準とする。貸借対照表上の資産価額が1,000万円で，負債が500万円であれば，自動的に純資産価額は500万円になり，自己資本と他人資本の比率は1：1となる。

しかし，貸借対照表の純資産価額500万円には価値的裏付けがない。簿記の約束に従っているだけである。企業価値が1,500万円であれば，負債の市場価

値を控除して純資産の市場価値が求められる。それは株式時価総額と一致する。負債の市場価値が帳簿価額に等しければ、株式時価総額は1,000万円である。同じことであるが、株式時価増額が1,000万円であれば、これに負債の市場価値総額を加算することで企業の市場価値が求められる。株主と債権者が要求する利益率、すなわち加重平均資本コストは、1,500万円に対して要求する利益率であり、株主資本コストは1,000万円の株式時価総額に対して要求される。

資本構成と企業価値が無関係であるということは、資本構成と $WACC$ が無関係（一定）ということを意味する。事業活動から期待される将来キャッシュフローCFが毎年120万円、$WACC=8\%$ とすれば、企業価値は1,500万円になる。負債の市場価値が500万円であれば、株式時価総額は1,000万円になる。

同じことを自己資本と他人資本の源泉別にみてみよう。負債利子率は4%で毎年の利息20万円を予定している。そのため、負債の市場価値は500万円である。株主は、毎年100万円のキャッシュフローを期待している。株式時価総額が1,000万円であるため、株主資本コストは10%である。したがって、以下のような関係にある。

$$\frac{120万円}{1,500万円} = \frac{1,000万円}{1,500万円} 10\% + \frac{500万円}{1,500万円} 4\% = 8\%$$

$$\frac{CF}{V} = \frac{S}{1,500万円} k_s + \frac{B}{1,500万円} i = 8\% \quad ④$$

V と $WACC$ が決まっている以上、S や B、k_s や i は、その制約の枠内で決められる。$WACC$ の式を株主資本に関して整理すると以下のようになる。これは ROE のレバレッジに関する式と同じ形である。

$$k_s = WACC + (WACC - i)\frac{B}{S} \quad ⑤$$

4%で500万円を借り入れれば、株式時価増額は1,000万円であり、株主資本コストは10%になる。6%で1,000万円を借り入れれば、株式時価総額は500万円になり、株主資本コストは14%となる。企業の市場価値と株式時価総

額，そして負債の市場価値は同時決定であり，企業の事業活動に変化がなければ，株式時価総額の増減は負債の市場価値の増減に連動する裁定取引が起こることを意味する。

　MM 理論の根底にあるのは，こうした裁定取引が資源配分を行う市場の役割であり，その機能を果たせない市場は不完全であると考えていたのである。それゆえ，必ずしも経営者が資本調達方法に無頓着でよいというわけではない。負債資本コストが4％で可能なとき，8％の負債資本を調達すれば，企業価値自体は減少しないが，株主の富は損なわれることになる。株主の富が債権者に移転したのである。リスクの負担者でない投資家にリスクを負担する株主の富が移転するため，株主はリスクに相応しいリターンを獲得できないことになる。したがって，市場の資源配分機能は，経営者の失敗により，損なわれることになる。

　しかし，MM の論証方法には問題がある。いかなる資本構成からも裁定取引が行われることで，資本構成の無関連性を主張する。資産運用により企業価値が決定するという結論は，初めから解答が与えられているのである。むしろ，ある種の理由により，特定の資本構成を選択する企業の価値が高ければ，各企業は裁定取引により，そうした資本構成を選択することになる。実際，MM の無関連命題の修正は，裁定取引により選択される資本構成の理由を探索することになる。この問題は (6) 以降で論じることになる。

(5)　資産構成と資本コスト

　多くの実務書では，企業評価や投資プロジェクトの評価に際して，キャッシュフローの割引率に加重平均資本コストが用いられる。伝統的な企業財務のテキストも，例外ではない[vi]。　しかしながら，加重平均資本コストが割引率として相応しいのは，現在の事業構造をもつ企業や事業プロジェクトのキャッシュフローを割り引くときのみである。キャッシュフローの質が異なれば，資本コストは変更しなければならない。

企業は，多数の事業の複合体である。それぞれのプロジェクトは，類似の事業もあれば，異質なキャッシュフローを生み出す事業など多様である。いま4つのプロジェクトの複合体である仮想的企業Uで例示しよう。各プロジェクトは，リスクが異なるために資本コストは相違する。プロジェクトAは400万円の価値で資本コストが10％，プロジェクトBは400万円の価値だが，リスクが高いために資本コストが15％と高い。プロジェクトCはリスクが低く，200万円の価値で資本コストは5％，そしてプロジェクトDは500万円の価値で資本コスト14％と仮定しよう。プロジェクトを集計した企業のキャッシュフローは210万円である。

投資家は，プロジェクト全体で1,500万円を投資し，毎年210万円のキャッシュフローを期待している。期待投資利益率は14％である。この投資利益率は，以下のようなプロジェクトの加重平均として計算される。これは資本構成ではなく，資産構成における加重平均資本コストの計算である。

$$\frac{400万円}{1,500万円} \times 10\% + \frac{400万円}{1,500万円} \times 15\% + \frac{200万円}{1,500万円} \times 20\% + \frac{500万円}{1,500万円} \times 14\% = 14\% \quad ⑥$$

企業の資本コストが14％なのは，プロジェクトの資産構成により決まっている。構成要素のひとつのプロジェクトが入れ替われば，企業価値は変化する。たとえば，プロジェクトAが終了し，これに代わって，同じ資産規模だが非常にリスクの高いプロジェクトEを実施するとしよう。プロジェクトEの資本コストは30％である。市場では，このプロジェクトが毎年120万円のキャッシュフローを稼がねばならないと考えているのである。企業の資本コストは，以下のように19.33％と計算される。

$$\frac{400万円}{1,500万円} \times 30\% + \frac{400万円}{1,500万円} \times 15\% + \frac{200万円}{1,500万円} \times 20\% + \frac{500万円}{1,500万円} \times 14\% = 19.33\% \quad ⑦$$

このとき，プロジェクトEのキャッシュフローを従来の加重平均資本コストである14％で割り引けば，企業価値は実質以上の高値をつけ，プロジェクトは過大評価されることになる。この過大評価は，市場の失敗である。

多数の事業の複合体である企業は，多数の銘柄の金融資産からなると考えら

れる。ここでは4銘柄の金融資産の合計とみなした。しかし，市場が不完全であれば，各金融資産の価値合計が企業の価値と一致しない。たとえば，Y社がZ社の株式を100％所有しているとしよう。Y社の価値は，Z社の価値とY社の事業が生み出すキャッシュフローの現在価値を合計したものでなければならない。Z社の株式価値総額が10億円のとき，Y社の企業価値が20億円であれば，金融資産をもたないY社単独の事業価値は10億円ということになる。

　この原則が成立しない状況は，裁定機会が存在する。たとえば，Y社の株式100％を5億円で購入できるような市場では，より価値の高いZ社の株を無償で取得できることになる。この状況で裁定取引がなされなければ，市場の資源配分は誤ったままとなる。こうした市場機能の失敗を見抜ければ，利潤創出の機会となり，利潤の創出と同時に資源配分は適正なものとなる。それは機関投資家や抜け目のない投資家の役割である。

　効率的な市場を前提とすれば，企業はいかに評価されるべきか。企業の投資計画は，類似のものがあったとしても，厳密に同じものはない。したがって，新規プロジェクトを従来のプロジェクトの集合体である加重平均資本コストで割り引くというのは合理的ではない。そもそも，市場価値基準で計算される加重平均資本コストは，企業価値評価を前提としている。⑥式では，毎年のキャッシュフロー210万円に対して，1,500万円という価値をつけている。加重値である分子の値は，各プロジェクトの価値であり，これも評価済みとなっている。市場評価が終了しているために資本コストが推計されているのであり，これを新規プロジェクトの評価に適応するのは合理的でない。

　資産構成に関する評価が終了した世界は，資本構成の評価も終了している。資本を自己資本と他人資本に分割し，株主資本コストと負債の資本コストに変換しても，14％のもつ意味は既存のプロジェクトの期待利益率でしかない。既存のプロジェクトに要求される利益率は，新たな投資プロジェクトには使えないのである。このように重要な問題を無視して，実務の世界では貸方の加重平均資本コストにより，企業や投資プロジェクトを評価しようとするのである。

(6) 節税効果

　MM命題は，法人税の制度により見直しが迫られた。一般に，事業所得は株主に帰属し，借入金や社債などの利息支払は，株主の所得を稼ぐための手段と考えられる。そのため，支払利息は，企業の所得として認識せず，費用とみなされ，法人税の対象とならない。資本家に対する報酬という側面では同じ利子所得であるが，他人資本の利子所得は法人税が免除されているのである。

　このことから，資本家に還流するキャッシュフローは，負債を利用することで節税分だけ増えることになる。法人税のない世界で，MM命題が成立するのであれば，負債利用が選好されることになる。節税効果は，負債利用により高められるため，負債依存度の高い企業ほど高い企業価値を実現することになる。節税効果を加味した加重平均資本コストの式は以下のように表される[vii]。

$$\frac{S}{V}k_s + \frac{B}{V}i(1-\tau) = WACC \qquad ⑧$$

　ここでτは法人税率である。この節税効果を具体的に考察してみよう。既述のように，企業はプロジェクトの複合体として運営されている。投資家は，各プロジェクトの評価に際して，それぞれの実質的なキャッシュフローを予測する。それゆえ，税引前キャッシュフローではなく，税引後キャッシュフローに関心がある。

　投資家の要求する利益率も，税引後を基準とする。⑥式のU企業に対して，投資家は税引後に14%を期待していることになる。U企業は100%自己資本で所有されており，税引前350万円のキャッシュフローから法人税40%を控除することで株主の手取り210万円が計算される。

　U企業が500万円の資金を借入れにより調達してL企業に変身するとしよう。金利は6%である。税引前350万円のキャッシュフローから30万円の支払利息が控除され，株主のキャッシュフローは税引前320万円，税引後192万円になる。税効果を考えない式は，利息に対しても法人税が掛けられるという想定で以下のように計算する。

$$\frac{192\,万円}{1{,}000\,万円} \times \frac{1{,}000\,万円}{1{,}500\,万円} + \frac{18\,万円}{500\,万円} \times \frac{500\,万円}{1{,}500\,万円} = 12.8\% + 1.2\% = 14\% \quad ⑨$$

節税効果を考慮した式は，下記のように負債の資本コストが軽減される。

$$\frac{192\,万円}{1{,}000\,万円} \times \frac{1{,}000\,万円}{1{,}500\,万円} + (1-\tau)\frac{30\,万円}{500\,万円} \times \frac{500\,万円}{1{,}500\,万円}$$

$$= 12.8\% + 0.6 \times 6\% \times \frac{500\,万円}{1{,}500\,万円} = 14\% \quad ⑩$$

しかし，いずれの場合でも投資家は14%を要求している。キャッシュフローのリスクは同じであるためである。しかし，U企業のキャッシュフローが210万円であるのに対し，L企業は株主に対して192万円と債権者に30万円を支払い，合計222万円のキャッシュフローを実現する。

222万円を資本コスト14%で割り引くと，約1,585.7万円の企業価値となる。負債を利用しない場合は，210万円を14%で割り引いた1,500万円が企業価値であるから，およそ86万円の価値が創出されたことになる。

しかしながら，この説明は，負債利用により加重平均資本コストが変化せず，キャッシュフローが増大するという想定である。負債利用による節税効果は，キャッシュフローを増加させるだけであろうか。節税の12万円は，政府の補助金のような性格である。負債の支払利息は，所与の資本構成で一定額になり，その節税額も一定額となる。企業は法人税の支払い義務を有するが，負債を利用することで法人税が還付されるという考え方である。

この還付金は，追加のキャッシュフローであり，新規プロジェクトとみなすことができる。この場合，節税の評価は12万円を14%で割り引くのではなく，政府の発行する国債の利回りで割り引くことになる。国債の利回りが無リスク利子率であれば，還付されるキャッシュフローも無リスク利子率で割り引くことになる。国債の利回りが2%のとき，節税価値は600万円まで増加する。この考え方によると，L企業の価値は2,100万円になる。

節税価値を2%の利益率のプロジェクトとみなすと，負債利用という追加プロジェクトにより，⑥式の資産構成は変化し，⑪式のようにプロジェクトの加

重平均資本コストは低下することになる。

$$\frac{400\,万円}{2{,}100\,万円}\times 10\% + \frac{400\,万円}{2{,}100\,万円}\times 15\% + \frac{200\,万円}{2{,}100\,万円}\times 20\%$$

$$+ \frac{500\,万円}{2{,}100\,万円}\times 14\% + \frac{600\,万円}{2{,}100\,万円}\times 2\% = 10.57\% \qquad ⑪$$

投資家は，節税効果を伴ったキャッシュフローを14％ではなく，約10.57％で割り引くことになる。負債の利用により，加重平均コストは引き下げられることになる。

(7) 相対的企業価値の変更とビジネス・リスク

　MMの世界は，取引コストや情報コストがゼロで，すべての情報が投資家に同時に伝達される摩擦のない均衡理論である。裁定取引が終焉し，情報を含めて，与件の変更がない。そこには，時間の経過による企業価値の修正が含まれていない。しかし，現実は環境が変化し，市場価値である株主資本の価値と負債の価値が変化する。過去に評価された投資政策が，継続して支持されることはむずかしい。所与の投資政策であっても，時間が経過することで，期待されるキャッシュフローに変化が生じる。新たな情報が伝達されるたびに，市場における相対的価値が変化し，過去に策定した投資計画の価値は再評価される。

　100億円と評価された均衡状態では，資本構成は企業価値と無関係である。株主資本が50億円であれば，他人資本の価値は50億円であるし，他人資本の価値が80億円であれば，株主資本の価値は20億である。単に，企業価値を切り分けるだけであり，全体の大きさは所与である。これはMMの世界である。

　しかし，ある時点で100億円の価値と評価されたプロジェクトが，バッド・ニュースにより50億円に減価することがある。このとき，それぞれの資本が50％ずつ減価するわけではない。他人資本の価値は企業の相対価値が変化しても一定の範囲内にとどまる。他人資本価値が50億円にとどまれば，株主資本の価値はゼロになる。他人資本が80億円であれば，30億円は返済不能な不良

債権であり，株主資本の価値は計算上－30億円となる。負の価値は存在しないため，企業は倒産状態となる。

倒産状態に陥ると，債権者が自らの損失を最小限にするために，残余財産をもち出し，企業は事業活動を継続できなくなる。商品や原材料などの仕入れは滞り，売上収入の回収も困難になる。銀行取引が停止されるため，決済業務も困難になる。このような状況になると，たとえ経営再建が可能であっても企業間の信用や顧客との信頼関係などを回復させることは容易ではない。法的な手続きなどで弁護士や会計士などの費用も発生し，特別な費用負担が発生する。こうした諸々の問題を含めると，倒産は大きな犠牲を伴うのである。

しかし，株主資本100％であれば，倒産には至らない。企業価値が50億円に減額しても，将来キャッシュフローは期待されているが，倒産すれば将来キャッシュフローの実現可能性は非常に小さくなり，回復困難な状況となる。

相対的企業価値の変更は，β値等で理解されるようなリスク・クラスの変更である。しかし，相対的価値が変更しない場合でも，資本コストが高い企業は，そもそも企業活動の期待キャッシュフローの変化が大きい。景気変動に対する業績変化が大きい企業は，他人資本の利用を含めて固定的支出を伴う契約に慎重である。

したがって，倒産に伴う犠牲を回避するには，他人資本の利用に関して一定の歯止めが必要になる。他人資本利用による節税効果が期待される場合も，倒産コストを考慮することで最適資本構成の探索が必要になるのである。それは一種のトレードオフ関係にある。負債利用の節税効果の価値と倒産コストの増加が秤にかけられることになる。

(8) 現実的なモデル要因

最適資本構成に関するアプローチはさまざま存在する。いずれもが，MM命題に立脚しながら，市場の不完全性を加味することで現実の説明力を高めようという試みである。一般に，企業外部からの資本調達はステークホルダーの

増大を意味する。利害対立のコストを抑制するには、内部留保が優先される。それはエージェンシー理論の枠組みで論じられる裁定取引のひとつの解である。

ペッキングオーダー理論[viii]は、情報の非対称性を中心に資本調達問題を考察する。投資家は経営者の提案する新規投資の価値を知らないために、その資本調達のために発行する株式価値を評価できない。この前提に立つと、新株発行増資は株価の過大評価というバッド・ニュースとみなされ、株価の下落を引き起こす。それゆえ、情報の非対称性による負の影響が小さな内部留保を最優先に、次いで負債を利用し、それでも不足する場合に株式を発行するという資本調達の順位モデルが構築される。それは最適資本構成の議論とは異なるアプローチである。

実務家的視点に立てば、最適資本構成は常に探索プロセスにある。企業は、さまざまな目的で資本を調達するが、その都度、目的に合致した最良の方法を選択しようと試みる。利害対立が生じる可能性があれば、これを最小にする方法を選択し、倒産の可能性があれば、これを回避する方法を模索する。資金不足の穴埋めに際しても、その時点でコストが最小となる選択肢を選ぶのである。収益性が高い状況では、負債による節税効果が期待できるが、企業環境は可変的である。最高益を上げた翌年に最大の赤字を記録する企業もある。資本構成の選択が一定期間の拘束を伴う契約関係となれば、その選択は慎重になろう[ix]。

ペッキングオーダー理論が主張するように、資本調達は内部留保にはじまり、負債調達、新株発行増資というような優先順位がみられる。他方、それぞれの時点では、産業や企業の成長段階に応じた固有の資本構成が存在する。相対的な価値変化の激しいベンチャー企業では、負債比率は低く、安定した大企業は負債比率が高くなる。また、相対的な価値変化を所与とし、同一規模の企業を比較しても、産業特性により資本構成に差が生じる。ビジネス・リスクに応じた資本コストの高さに応じて、資本構成は異なる[x]。キャッシュフローの変化が大きな業種では、一定額の支払義務が生じる負債利用は敬遠されるのである。

注

i) 第5章の株式会社の資本調達を参照せよ。流動負債は，企業価値を構成する資本提供者のキャッシュフローを増やす手段とみなされる。買掛金や支払手形などの企業間信用は，他企業の資本を自社の営業活動に利用し，自社が調達すべき資本を節約できる。

ii) 厳密には，倒産コストや税金を考慮すると，同じ資本コストにはならない。

iii) ROA は，企業の総資産 A が稼ぎ出す利益 X との比率であり，$ROA=X/A$ で示される。他方，ROE は，負債の利息を支払った後の利益 $π$ と株主資本の比率であり，$ROE=π/E$ で示される。$π=X-iL$ であるから，$ROE=(X-iL)/E=(X/E)-(iL/E)$ である。ここで $X=ROA \cdot A$ を代入すると，$ROE=(ROA \cdot A/E)-(iL/E)$ となる。$A=E+L$ であるから，これを代入して整理すると，$ROE=ROA-(ROA-i)L/E$ となる。

iv) 事業活動からの利益であるから，営業利益のみならず営業外収益が加算されるが，支払利息などは控除しない。また，会計上の利益概念ではなく，キャッシュフロー・プロフィットである。そして，この利益率は，基本的に内部利益率と同じ概念である。将来のキャッシュフロー・プロフィットを企業価値 V に等しくする利益率である。

v) Modigliani, F. and M. H. Miller (1958)

vi) Weston, J. F. and Brigham, E. F. (1975)

vii) 節税効果による修正論文は，Modigliani and Miller (1963) である。毎年一定のキャッシュフローを仮定すれば，$WACC=CF/V$ であり，株主に帰属するキャッシュフローは，企業のキャッシュフローから支払利息を控除し，法人税による節税効果を加えて，$CF-(1-τ)iB$ となる。したがって，株式価値総額 S は次のように示すことができる。

$$S = \frac{CF-(1-τ)iB}{k_s}$$

この式から，株主に帰属するキャッシュフローを k_s と S の積で示し，企業のキャッシュフローは，$CF=k_s S+(1-τ)iB$ となる。

したがって，税金を考慮した $WACC$ は，下記のように示される。

$$WACC = \frac{k_s S+(1-τ)iB}{V} = \frac{B}{V}k_s + \frac{B}{V}(1-τ)i$$

viii) Cf., Myers, S. C. and N. S. Majluf (1984), Myers (1984)。

ix) 多くの実証研究では，収益性と負債比率には負の関係がみられる。Myers (1984)，若杉敬明 (1987)，水野博志 (1990)，池尾和人・広田真一 (1992) などを参照せよ。

x) 亀川雅人 (1996b) を参照せよ。

第10章　配当政策と企業価値

(1)　配当政策の意味

　企業価値や株式の価値は，投資家へのキャッシュフローをリスク調整後の割引率で資本還元したものである。キャッシュフローとして実現できないものは，資本としての評価対象にならない。企業が所有するあらゆる資産は，貨幣資本を回収する目的で運用されるが，最終的には，投資家の手に渡されることで評価される。第3章で論じたように，株式価値も，将来受け取る配当金を資本還元するモデルが基本になる。株主への配当が多ければ価値は高く，そのリスクが小さければ価値は高くなる。

　この基本原理が正しい以上，改めて配当を問題とする必要があるのであろうか。株式価値を高めるための配当政策は，できるだけ多くの配当を支払うということに帰着する。だが，現実にはいくつかの問題がある。その根本的な問題は，不完全市場である[i]。

　最初に，配当政策の議論をするために関連する諸問題を整理しておく。第一に，配当政策は，内部留保を決めるため，資本構成に連動する。利益の内から支払う配当が少なければ内部留保が増え，純資産が増加することになる。それは資本構成の変化をもたらす。したがって，配当政策に固有の問題を取り上げるためには，資本構成を一定に保つような仮定か，もしくは全額自己資本の企業を想定する必要がある。

　第二に，内部留保は，投資決定に連動した決定である。そもそも資金が余剰であれば，内部留保の必要がない。魅力的な投資機会があるか否かにより配当決定は左右されることになる。しかしながら，この問題は投資政策の問題とみなすべきである。資本構成と企業価値との関係で理解されたように，投資政策

を所与とすることで資本構成の問題を抽出した。同じように，投資政策を所与とすることで配当政策の議論が行われることになる。

要するに，投資政策と資本構成を所与とした上で，企業価値に影響を及ぼす配当政策の問題を論じることになる。企業価値と配当政策が関係するとなれば，最適配当政策の問題が浮上する。具体的な説明が必要であろう。投資政策が所与ということは，たとえば100億円の工場建設計画が決定しているということである。100億円の投資の価値は，この工場建設から期待される将来キャッシュフローの現在価値である。この資本調達によって資本構成が変化すると，企業価値への影響が資本構成の変化によるものか，配当政策に依拠したものかの判別ができない。そこで，資本構成を一定とする仮定が必要になる。

ここでは，便宜上，自己資本100%の企業を想定し，調達する資本は新株発行増資か内部留保とする。100億円の資本調達が必要であるため，企業が現在所有している現金等が120億円あれば，外部からの調達は必要ない。内部に留保されている100億円を投資資金に充当し，残額の20億円を配当に回すことができる。しかし，配当支払額が50億円に決定されているとなれば，30億円の現金・預金が不足する。この不足額は新株発行増資で賄うことが仮定されている。借入金を用いれば，節税効果などにより企業価値が変化するためである。

ところで，魅力的な投資機会が存在しないときに，余剰現金を配当に回す残余配当政策は，投資政策に連動した決定であり，配当政策に固有の問題とはいえない。固有の配当政策とは，投資政策や資本構成とは無関係に，配当の支払い方法を決定する政策である。たとえば，一定の配当額を支払う安定配当政策や利益からの一定割合の配当を意識的に維持する安定配当性向政策などである。こうした政策決定が企業価値に関係するという仮説，あるいは，政策変更が企業価値に影響すると考えるときに，固有の配当政策のモデルが必要となる。

さて，配当政策に関してもMM命題が取り上げられる。資本構成と企業価値の無関連命題を発表したMMは，配当政策に関する無関連命題を問うことになる[ii]。資本構成の議論と同じく，MMは摩擦的要因が存在しない完全市場を仮定する。この仮定があるかぎり，MM命題の否定は困難である。否，

定義上，無関連になることは明らかである。再び，考慮すべきは，市場の摩擦要因となり，取引コストや税金など，市場の不完全性と配当との関係に絞られることになる。配当政策のあり方が不完全要因に作用し，企業価値に影響を及ぼす経路を探索することにある。とりわけ，所有と経営が分離した大企業では，経営者と株主の間に情報の非対称性が存在している。情報劣位にある投資家は，配当政策を経営者からのメッセージとみなし，企業価値の評価を変更するという仮説が成り立つのである。

配当政策の議論は，現金配当のみならず，株式配当や自社株買いなども対象となる。株式配当は，株式発行数を増加させ，1株あたりの株価を引き下げるが，1株あたりの配当額を一定とする場合などには事実上の増配となる。これに対し，自社株買いは株価の上昇効果をもつ。余剰資金を配当として支払うか，株式取得に使うかの選択である。いずれも，配当政策に関する問題であるが，本章では，これらの問題は取り上げない。

(2) 配当可能利益の意味

配当の問題を理解するために，単純な想定をしよう。企業は継続せず，1期間の事業活動で終了すると仮定する。第6章の冒険商人の事例を思い出そう。1航海を1期間とする貿易事業である。1航海のために，1,000万円の出資者を募集し，船のチャーター・コストと仕入，それに船員の生活費に充当する。この事業は1航海の終了により清算され，1,500万円の現金が残った。実現した1,500万円は，1,000万円の貯蓄に対する時間選好とリスクに見合った報酬であった。投資家の資本コストは50％であり，これを実現したのである。

投資家は期待されるキャッシュフローを実際に手に入れる。元本1,000万円を回収し，利益500万円と合算した1,500万円を配当として受け取り，事業を清算する。実際に帰港し，現金を確保した段階で，投資家の富は確定する。配当政策は単純であり，事業終了時点で残余となる所得を分配するだけである。

利潤・損失の問題と同じく，その分配問題である配当政策が複雑になるの

は，事業が継続するためである。2期間モデルでは，1期間が終了した段階で，期待される1,500万円のうち500万円を配当とし，残りの1,000万円を再投資する計画である。この1,000万円は，さらに1年後に1,500万円になると期待している。この投資政策は決定済みであり，現在1,000万円を投資し，1年後にさらに1,000万円を追加投資するというものである。投資家のキャッシュフローは，現在－1,000万円，1年後に＋500万円，2年後に＋1,500万円を期待していることになる。

現時点で投資家が期待するのは，1年後と2年後のそれぞれに利益500万円を獲得することである。1年後に1,500万円のキャッシュフローが確保された段階で，1,500万円をすべて配当とすれば利益は確定する。しかし，再投資した1,000万円が損失を計上した場合はどうなるであろうか。たとえば，2年後に実現したキャッシュフローが500万円であったとしよう。2年後の時点を現在とみなせば，投資家は2年前に1,000万円を投資し，1年前に500万円を受け取り，現在500万円を受け取っている。1年目に受け取った500万円は，受取時点では利益と考えていたが，振り返って考えると，利益とはいえない。

1年前に寄港した時点で，再投資に反対し，すべてを清算して，1,500万円を受け取っておけば損失は回避できたのである。貿易の継続が決まっているとすれば，自分の代わりに，再投資する投資家を募るべきであった。この場合，投資家の利益は1期間で確定し，第2期の利益とは区別される。それは，内部留保に代わり，新たに出資者を募る新株発行増資を選択することになる。

1年目に寄港せずに，1,500万円を再投資する場合はどうであろうか。利益の500万円は報告されているが，配当はされていない。一々寄港して配当を支払うことより，そのまま貿易を継続した方が効率的に利益を上げると期待したのである。通常の企業活動は，現金収入の都度，再投資されている。現金は，最も収益性の低い資産であるため，できるだけ速やかに高い収益性が期待される活動や資産の購入に充当される。そうした資本の運動のプロセスは，利益を現金のままに留めない。資本運動の回転のなかで，キャッシュは新たなキャッシュを生み出す活動に利用されるため，意識的に準備しない限り，配当のため

の現金は存在しないのである。

　事業が継続することは，問題を複雑にする。株主が利益を内部留保することに同意すれば，利益の現金化は先送りされる。事業に寿命があるとすれば，成熟して，金のなる木になったときに余剰な現金が生まれ，配当以外の使い道がなくなる。しかし，依然として成長機会を有しているにもかかわらず，配当を支払わねばならないとすれば，それは何を意味するのであろうか。企業は，配当のために現在の株主以外から現金を準備しなければならない。資本市場では，現在の株主と新しい株主のキャッシュフローが交換されることになる。

(3) MM 的な配当の世界

　企業の資本需要と資本供給の関係をみてみよう。配当は，株主のために企業が準備しなければならない現金であり，企業資金の需要側を構成する。需要を構成するもうひとつの構成要素は投資資金である。企業が必要な活動をする限り，投資は不可欠である。企業の投資需要がなくなれば，企業の寿命は尽きることになる。成熟した事業である金のなる木も，自らの事業活動を継続するために再投資をし続けている。現状を維持する必要がなくなれば，減価償却費も余剰な現金となり，事業活動は終焉する。

　資本供給は，その一部は企業の内部金融から拠出される。内部金融は内部留保と減価償却費から構成される。資本需要が内部金融で十分賄えない場合には，外部金融により賄われる。したがって，両者の関係は以下のような恒等式で示される。

$$\text{資本需要}(I+D) = \text{資本供給}(X+F) \qquad ①$$

ここで I は投資資金，D は配当，X は企業が稼ぐキャッシュ，すなわち内部金融，F は外部金融であるが，ここでは新株発行増資額とする。外部金融は借入など多様な手段があるが，新株発行増資に限定することで資本構成のパズルに悩まされなくなる。

　さて，企業は，新規の投資政策を実施する前に，既存事業から毎年 $X=1$ 億

円を永続的に稼ぎ続けると期待されている。経営者は，このキャッシュフローの全額を配当すると決めており，資本市場もこれを期待している。既存事業の資本コスト k は10％と評価されているため，企業価値は，以下のように10億円となっている。

$$V = \sum_{t=1}^{\infty} \frac{D}{(1+k)^t} = \frac{D}{k}$$

$$= \frac{1 \text{億円}}{0.1} = 10 \text{億円} \qquad ②$$

ここで V は企業価値である。株式発行総数 $N=1,000$ 万株とすれば，1株あたり株価 P と1株あたり配当 d は，下記のような関係にある。V と D をそれぞれ N で除して $P=100$ 円と $d=10$ 円が求められる。

$$V = NP = 1,000 \text{万株} \times 100 \text{円}$$

$$X = D = Nd = 1,000 \text{万株} \times 10 \text{円} \qquad ③$$

この企業が新規の投資を実施することになった。投資額 I は8,000万円，期待する利益は1,600万円であり，内部利益率 $IRR=20\%$ が期待されている。しかし，新規投資の資本コストは既存事業と同じく10％に評価されているため，株主は超過利潤を受け取ることになる。このとき，配当政策による相違が，株主の富や企業価値に差異をもたらすであろうか。

残余配当政策により，投資額を内部金融で調達する場合，配当総額は，$X-I=D$ となる。それゆえ，下記のように，配当総額 $D=2,000$ 万円となる。①式の関係に当てはめると以下の式になる。1株配当は2円になる。

$$\underset{(I)}{8,000 \text{万円}} + \underset{(D)}{2,000 \text{万円}} = \underset{(X)}{1 \text{億円}} + \underset{(F)}{0 \text{円}} \qquad ④$$

新規プロジェクトの投資価値は1,600万円を資本コスト10％で割り引くことで1億6,000万円と計算される。したがって，新規投資実施後の企業価値 V^* は⑤式のように求められる。

$$V^* = V + \sum_{t=1}^{\infty} \frac{1,600 \text{万}}{(1.1)^t} = \sum_{t=1}^{\infty} \frac{1 \text{億円} + 1,600 \text{万}}{(1+0.1)^t}$$

$$= \frac{1 \text{億} 1{,}600 \text{万円}}{0.1} = 11 \text{億} 6{,}000 \text{万円} \qquad ⑤$$

株式発行数に変化はないため，11億6,000万円を1,000万株で除して，以下のように1株あたり株価 P^* を求めることができる。

$$V^*/N = P^* = 116 \text{円} \qquad ⑥$$

1株を所有する株主は，2円の配当を受け取り，16円のキャピタルゲインを得ることになる。資本コストが10%であるから，10円の所得増加で満足するところを合計18円の所得を受け取ることになった。8円は超過利潤である。新規の投資前に10円の配当を受け取っていた株主は，投資後に8円の富の増加を享受できたことになる。

配当政策を変更することで，これと同じ富の増加が期待できるであろうか。新規投資をすべて新株発行増資で賄う場合を考えてみよう。残余配当政策ではなく，既存の配当額を維持する政策を採用する。つまり，X は，これまでと同じようにすべて D となる。①式の恒等式に代入すれば，下記のように $I = F$ になる。

$$\underset{(I)}{8{,}000 \text{万円}} + \underset{(D)}{1 \text{億円}} = \underset{(X)}{1 \text{億円}} + \underset{(F)}{8{,}000 \text{万円}} \qquad ⑦$$

投資後の企業価値 V^* は，配当政策の変化に関係なく算出されるため，11億6,000万円である。分母の資本コストも分子のキャッシュフローも変化していない。異なるのは，新規のプロジェクト8,000万円を賄うために新株を発行することである。新株発行数を M とすれば，F は新株発行時の株価 P^* と M の積として下記のようになる。

$$I = F = MP^* = 8{,}000 \text{万円} \qquad ⑧$$

株式発行総数は新株発行数だけ増加するため，$M+N$ となる。

$$V^* = 11 \text{億} 6{,}000 \text{万円} = (M+N)P^* \qquad ⑨$$

⑨式に，$N = 1000$ 万株，$MP^* = 8000$ 万円を代入すれば，新株発行時の株価 P^* が次のように求められる。

$$P^* = 108 \text{円} \qquad ⑩$$

株主は，1株あたり8円のキャピタルゲインと従来と同じ配当10円を受け取っている。したがって，配当を支払わず，内部金融で投資を実施しても，配当を支払い，外部資本を調達しても同じ富を享受したことになる。

この結論は，単純である。超過配当は株価の下落により相殺され，過少配当は株価の上昇で補われることになった。結局，配当政策は株主の富に影響を与えず，それゆえ，企業価値に無関係ということになる。これがMMの世界である。企業価値を決めるのは配当政策ではなく，投資政策により決定される。この説明内容は，企業価値を算出する段階に配当政策が関与していない。配当政策の変化に対して，資本コストに変更が生じない以上，当然の帰結である。

(4) 配当政策と摩擦要因

企業が所有する現金を配当として支払うことにより，投資家の現金所得が増加する。その一方で，企業価値は，配当額だけ減少する。これはMMの世界である。銀行預金であれば，預金を下ろせば通帳に記載された預金残高が減少する。したがって，預金者の持分は，現金取得と預金残高の減少が対応している。預金金利が決まっている限り明白である。投資政策を所与とするのは，その時点における資本コストの決定であり，預金金利と同様の議論が可能になる。

しかし，株式投資と銀行預金は相違する。企業が所有する現金残高は，株主の好きな時に引き出せるわけではない。企業は，現金をそのまま所有するだけでは利子を生まず，必要な時点で生産資本や商品資本に転換し，資本コストを稼がねばならない。何もせず，万一のために確保しているとすれば，企業の所有する現金は株主の手元に永久に戻らない。

資本コスト以上の運用先があれば配当を減らし，資本コストを下回るような運用先であれば，配当に回す。こうした基準で運用されるのであれば，株主の富は増加が期待できる。この意思決定は，配当に関する決定であると同時に，内部留保の意思決定である。

企業の内部留保が合理的であるのは，資本コスト以上の利益率を期待できる

場合である。決済用の現金が必要な場合も，それが事業活動に必要不可欠な残高であるときに，この運転資本を含む一連の事業資産が投資対象として評価される。この投資が，資本コストに等しい期待利益率であれば，正味現在価値 NPV はゼロとなる。

$NPV=0$ であれば，現在の現金（配当金）と将来キャッシュフローの現在価値（内部留保）が等しいことを意味する。株主にとっては，配当金で受け取るインカムゲイン（現金所得）と株価上昇のキャピタルゲイン（資本利得）が同一状態にある。しかし，株価上昇は，株式の売却時まで現金を手に入れることができない未実現所得である。他方，実際に受け取る配当は，将来の資本利得よりも確実でリスクが少ない。そのため，投資家に選好されるという見方がある。このような考え方は，手中の鳥（bird-in-the hand）仮説とよばれる。投資家が自らの財布のなかの現金を好むようであれば，企業は必要な投資資金を新株発行や借入金などに頼らねばならない。そのとき，内部留保の資本コストは新株発行のコストを上回ることになる。

市場が効率的であるとき，このような差は生じない。資本利得であっても，即座に株価上昇部分を売却すれば配当と同じ所得を実現できる。株式が配当額と同じ金額に分割されており，取引コストや税金がかからないという前提であれば，両者は無差別なはずである。株式市場が無差別と判断すれば，配当と同じ株価の上昇が実現する。両者のキャッシュフローを比較して，同じ価値と評価するのである。

配当政策が問題となるのは，この点である。すなわち，効率的市場を前提とすれば答えは決まっている。しかし，現実が効率的市場でなければ，政策で対応する以外にない。摩擦のない状況でのキャッシュフロー比較は，現実の問題を考える上で意味がない。経営者の真価が問われるのは，市場を補完する意思決定が必要なためである。

配当所得と資本利得は税金が異なる。配当は，法人税に加えて個人の所得税が課せられるが，資本利得は売却時まで税の支払いを延期できる。また，両者の取引コストも異なる。企業は，内部留保せずに利益のすべてを配当として支

払い，新株発行増資や借入金等により資本調達ができる。企業は，配当を支払うための取引コストと新株発行増資等の取引コストを負担しなければならない。他方，企業は利益の全額を内部留保し，現金所得の必要な投資家に売買手数料等の取引コストを負担させることができる。その選択の基準は，市場の制度設計と株主の選好に依存する。配当政策は，市場が不完全であるとき意味をもつのである。

こうした不完全要因を加味しつつ，適宜配当政策を選択することは大きな負担である。能力ある経営者であっても，不完全市場における投資政策や資本調達の決定と同時に最適配当政策を決めるのは困難である。そのため，企業価値に大きな影響を及ぼすと判断しない限り，意思決定の対象から除外させ，経営管理コストを節約することになる。安定配当額政策や安定配当性向政策は，特別な環境変化が生じない限り，配当支払いのルールを固定化するため，経営管理コストを節約する政策である。

この政策決定により，経営者は煩わしい問題から一時的に解放される。しかしながら，政策決定時における与件が変更すれば，政策変更は余儀なくされる。そのため，安定配当政策の変更は，経営者から資本市場にむけたメッセージとなる。その背景には，経営者の有する企業環境情報が，投資家に比較して優位な状況にあるという情報の非対称性がある。

増配や減配は，経営者からのメッセージとなるが，そこには経営者の期待が込められている。将来にわたる安定配当額の増配が決まれば，経営者は将来キャッシュフローの安定的増加を予想していると判断できる。また，配当の増加は，経営者の利用可能なフリー・キャッシュフローを制約する。経営者は，機会主義的なキャッシュフローの利用を制限しなければならず，必要な投資機会が発見できたときは，市場に審判を問わねばならない。こうした経営者の行動は，株主のエージェンシーコストを削減する効果をもつ。それは，資本コストの低下につながる可能性をもつ。

リントナー（John Lintner）は，1950年代半ばに実施したインタビュー調査より，次のような配当に関する4つの定型化を行った[iii]。(1) 長期の目標配当

性向を有している。成熟した企業は配当性向が高く，成長企業は低い配当性向を示す。(2) 経営者は，配当額ではなく，配当額の変更に注目する。(3) 配当の変更は長期的な利益水準の変化を予想するものであり，一時的な利益変化では配当を変更させない。(4) 経営者は，一度変更した配当政策を再度変更することを警戒する。特に，増配後の減配を回避したい。

この調査から簡単な配当モデルが提示される。企業は目標配当性向を堅持しようとし，1株あたり利益に目標配当性向を乗じた目標配当額を定める。各期の配当額の相違は，目標配当額の差額となるが，配当額の急激な上昇を抑制し，安定的な配当を維持するために調整率を設定する。この調整率は，経営者の姿勢を示す意思決定変数でもある。したがって，このモデルでは，各年度の配当は今年度と前年度の利益および配当に依存することになる。

リントナーのモデルは，単純化されているが，現実の意思決定と整合的である。株主は減配を非難し，増配を歓迎するが，それだけに増配には慎重になる。経営者は長期的配当額の維持のために，一定の利益水準を確保しなければならない。このコミットメントは，情報優位にある経営者のメッセージであり，株主へのシグナリングとなり，株価上昇の一因となる。逆に，減配は，バッド・ニュースとして受け止められることになる。配当政策の変更は，将来キャッシュフローに関する経営者からのシグナリングとみなされるのである。

情報の非対称性が存在する世界では，エージェンシーコストを含めて，増配を歓迎している。減配の回避が望ましいことになるが，明確な成長機会があり，経営者が十分に説明できるとすれば，無配にして取引コストを抑制することは合理的な選択のはずである。しかし，そのためには，経営者が魅力的な投資戦略を策定し，投資家を説得することが必要となる。情報の非対称性の壁を壊す作業である。

(5) 配当政策と時間

配当政策に関しても，均衡状態から別の均衡状態への移行が重要な問題とな

る。決算という人為的期間を設定し,配当可能な利益を測定する意味を考察しよう。便宜上,決算により利益を確定しなければ,配当を支払うタイミングはむずかしい。株主が残余所得の請求権者であるため,決算がなければいつまでも株主の利益は先送りされてしまう。企業は経営資源を増やし,固定的報酬の契約関係をむすぶ。成長した企業の資産や雇用した従業員は,簡単に売却や解雇できない。環境が変化し,企業の相対的価値が変化するとき,とりわけ将来キャッシュフローの縮小が予想されるとき,期限を設けて利益を確定しておかねば,常に,株主の残余所得は後回しにされる。

年度をまたがり事業は継続されるが,年度ごとに,株主の利益と配当を確保しなければ,翌年度の景気悪化により,従業員の給与に回されてしまう。そのような仕組みが設計されているとすれば,株式に投資する投資家はいなくなる。

投資政策を所与とする思考は,その時点における必要資本と資本の運用対象が決まっているのだが,現実は,新たな情報の入手と同時に投資政策の延期や中止の事態が発生し,余剰資金が増加することがある。そのような事態に与えられるオプションは,自社株の購入や配当の増加である。無意味に内部留保をする必要はない。この事態で内部留保すれば株価は下がり,内部留保と配当は無差別ではなくなる。残余配当政策は,新たな環境変化に対応したオプションを行使できる政策と考えるべきである。

注
i) 配当政策に関しては,津村英文 (1981),森脇彬編 (1992),日本証券経済研究所 (1997) などを参照されよ。
ii) Miller, M. H. & F. Modigliani (1961)
iii) Lintner, J. (1956)

第11章　株式評価の指標

(1)　指標の意味

　資産を評価するために用いられる指標は多い。なかでも，株式を評価する指標は，投資家にとって強い関心が寄せられる。その目的は，現在の株価を評価し，将来の株価を予想することにある。現在の株価が割安（割高）であるか否か，将来，株価は上昇するのか下降するのか，そして，どの程度の水準が妥当な価格なのか。このような問題に対して解答を求める手段を求めている。

　株価モデルは，現実の株価を説明できる評価指標としての役割が期待されている。株価モデルを使い，ファンダメンタルバリューを計算し，市場価格との乖離を発見すれば，裁定利益を獲得する売買動機となる。しかしながら，第3章で論じたように，株価モデルが市場価格と乖離した場合，モデルが正しいことを立証することはできない。将来キャッシュフローの予測とその割引率は，評価者の主観であり，多数の投資家による評価とは異なるためである。そこで，客観的なデータから現在を評価し，将来を予想する指標を探すことになる。客観的データとは，現在誰もが入手可能な情報である。

　しかしながら，われわれが入手できるデータは，実際のところすべてが主観的である。経営者が新規の戦略を語るとき，そこには経営者の主観的評価が込められる。さまざまな行動情報は，そのすべてを記録できたとしても記録者の主観を反映してしまう。計算された数字がひとつであっても，その数字は計算者や数字を選択した人間の主観から逃れることはできない。その上，提供された質的・量的情報は，情報の受け手により主観的に解釈される。過去の事実でさえ，何が正しく，何が誤っているかを特定することは困難である。そうした問題を等閑視した上で，客観的情報と思われる情報を選び出し，資産の評価に

役立てようとするわけである。

　企業経営者が使用するデータで，客観的装いをもつ情報に会計情報がある。決算に際して作成される財務諸表の数字は，ルールに則って作成されており，選択の幅が決められている。そのため，外部の投資家やその他のステークホルダーにとって有用な情報を提供するだけでなく，経営者の意思決定に際して，重要な判断基準を与えている。会計情報は，株価を評価する際の有用な指標とみなされ，他の指標の基礎データにもなっている。それゆえ，最初に会計情報，とりわけ，決算における報告利益と株価の関係について考察することにしたい。

(2) 会計利益と株価の関係

1) 会計利益とキャッシュフロー

　企業会計（財務会計）が計算する利益情報は，将来の予測値ではなく，現在までの事実を事後的に捉えた実績値である。企業は，この過去の実績値を投資家に開示し，この事実の上に投資家は自己の責任で期間損益計算をキャッシュフロー情報に変換し，将来キャッシュフローを予想した上で，投資を決定する。投資家は，会計情報をそのまま使用できるわけではない。

　投資家が予想する将来キャッシュフローは，債権者にとっては元利合計であり，株主は配当および売却時の価額である。一方，企業会計の利益情報は，企業が投資したキャッシュフローとその回収を期間損益計算により配分しなおして計算された値である。各期に生じるキャッシュフローをその期間中の収益と費用に配分する。しかし，営業に従事する人々の人件費や広告費も，今期の売上げのみならず，次年度以降のキャッシュを得る活動を含んでおり，将来の収入が正確に理解できれば将来の費用として配分すべきである。研究開発費の費用配分や固定資産の減価償却費，暖簾の償却方法などもキャッシュフローと期間損益計算の相違を生み出す。

　他方で，将来のキャッシュフローを期待する資産評価も会計利益に関係する。金融資産は売却するまでキャッシュを実現しないが，これを評価しなければな

らない。しかし，金融資産のみならず，あらゆる資産は，こうした評価問題を含んでいる。在庫の商品は，いかに高く売れる見込みがあっても仕入値で記載されている。仕入価格が市場価格と異なるとしても，取得時の価格を基準に評価する。固定資産は減損処理がなければ，取得価額とルール化された減価償却費に基づく価額で記載される。各資産の将来キャッシュフロー見込額にかかわらず，過去の取引価格によって評価しているのである。こうした諸問題は，会計情報を社会的ルールとするために必要な犠牲であり，会計学は，この犠牲を最小化する研究に従事している。

　投資家は，会計情報のもつ問題をもとに，将来を予測するわけであり，提供されている情報を加工して将来のキャッシュフローを予測しなければならない。会計利益と将来キャッシュフローが異なる以上，開示情報は投資家による将来キャッシュフロー情報への転換が必要になるのである。損益計算の利益と営業活動からのキャッシュフローの差異を分析し，キャッシュフローを生み出す源泉を突き止めて，その将来の大きさや質を分析しなければならない。これを怠る投資家は，一般にフリーライダーと称される。

　株式や債券など，すべての資本資産評価モデルは，キャッシュフローを含めて，独立変数に過去情報を含まない。過去は切り離して，独立した未来情報で現在の価値を導くモデルである。それゆえ，過去の儲けや過去の株価の高低は，現在の株価には無関係である。株価は，新しい情報で決まるのである。

　このことは，過去の活動が将来キャッシュフローに影響を及ぼさないということではない。現在所有している生産設備や販売網があるからこそ，将来のキャッシュフローにつながっている。生産能力が突然変異をしてしまうわけではないし，事業構造を再構築しないかぎり，営業方法や営業スタッフが激変することはない。しかし，企業を取り巻く環境は時々刻々と変化している。そのため，昨日まで儲かっていたビジネスが，突如として赤字に陥ることがある。為替変動や法律の改正，人々の嗜好の変化，競合企業の新製品など，新たな情報が入手されるたびに，市場は将来のキャッシュフローの予想を見直すことになる。将来は過去の延長線上にはないのである。これが不確実性あるいはリス

クの世界の本質的な問題である。

　将来キャッシュフローに織り込まれる情報には，会計情報が含まれる。しかし，決算情報は過去情報であり，決算情報と企業価値との関係性は，きわめて限定的である。それは，既述のように，会計利益が将来キャッシュフローとの関係よりも過去の期間損益計算に重きを置くためである。たとえば，原価500万円の商品を700万円で現金販売すれば，商品500万円と引き換えに，現金700万円が入金され，売上総利益200万円となる。この取引を信用取引で実施すると，売上総利益に変更はないが，現金の代わりに売掛金700万円が記載される。キャッシュフローが回収されるか否かは，投資家の主要な関心事である。現金回収の遅れは，現在価値計算に反映し，再投資により稼ぐことのできる将来キャッシュフローを減少させる。将来の企業活動上の差異をもたらすにもかかわらず，会計上の利益は同じ値として表示される。

　株主にとっては，会計上の利益が報告されようと，自身の持分が増えなければ利益の実感はない。配当と資本利得なしに株主の富は増加しないのである。決算で損失が報告されても，株価は上昇することもあるし，利益の報告で株価が下がることもある。投資家は，自らの持分を帳簿上の純資産価額として認識していないためである。多額の赤字を計上しているときでも，投資家は自らの持分が増加していると感じることがある。

　かつての鉄道事業や通信事業などの装置産業は，多額の先行投資を必要とする。鉄道線路の敷設はコストがかかり，営業距離を伸ばせば伸ばすほど投資額が増えることになる。携帯電話の基地局も同じである。営業開始が遅れると赤字は先行するが，線路の敷設や基地局を設置すれば，運賃や通信料の収入が期待でき，投資家の将来キャッシュフローを増やすことになる。投資期間中に報告される赤字は，投資家の持分増加を示しているのである。線路の延長や基地局の増加は，営業収入の増加が期待される限り，決算の赤字とは無関係に投資家の富を増大させているのである。

　一般に，創業期の事業活動は投資が先行するために，期間損益計算では損失を計上しやすい。短期間で黒字化する事業は，先行投資が少なく，回収期間が

短い事業であり，リスクも小さいと判断される。したがって，報告利益が黒字化しやすい事業は，参入する事業者が多く，市場の分け前は小さくなる。他方，赤字期間が長い事業は，資本の回収期間が長いためにリスクが高く，参入者は少ない。そのため，成功したときの分け前は大きくなる。

　成長期になると企業の売上げが伸び，黒字に転換する。しかし，成長の圧力が高ければ，売上から回収されるキャッシュフローは新たな投資機会に向けられる。成長機会への投資は，損益計算には反映されないが，キャッシュフローは不足する傾向にある。そして，運転資本の管理に失敗すると，利益を計上しながらキャッシュフローの回収に間に合わず，黒字倒産という事態に陥る。成長機会への適切なキャッシュフロー配分が管理されねば，利益を計上していても企業の存亡は保証されない。

　成熟段階に達すると，利益が多くとも株価は成長しなくなる。しかし，利益が安定するため，成長期に比較すると，株価と利益の関係は安定的な関係になる。だが，その関係も環境変化によって突然崩壊する可能性がある。

2）会計上のルールと株価

　当期純利益は，財務諸表上の株主持分の増加であるが，それは実質的な持分の増加ではない。帳簿上，黒字であろうと赤字であろうと，株主の将来キャッシュフローが増加し，株式時価総額の増加が期待できれば，株主は利潤を享受できる。そのような意味で，株主の富と会計利益との間には直接的関係はない。投資家にとって，キャッシュフローに影響を与えない取引は，会計上の分類が損益取引であろうと資本取引であろうと無差別と見なす。たとえば，減価償却方法のルール変更は，期間損益の配分方法を変更させ，その結果として報告される利益額は変化する。しかし，実態の事業活動に変化はなく，キャッシュフローに変化は生じない。期間損益計算の変更によって，徴収される税額に差異が生じなければ，企業価値は一定のままである。

　研究開発費や広告宣伝費の扱いも同じである。会計処理にかかわらず，その効果が将来のキャッシュフローを期待させるものであれば，株主は費用とは

認識せず，資本として評価することになる。その評価基準も，税引後の将来キャッシュフローである。

　会計の処理方法で企業価値が変わるのであれば，経営者は価値を最大化する会計処理方法を選択する。逆説的であるが，このことは，会計で計算する数値からは，将来キャッシュフローを評価できないことを意味している。それは，資源配分情報として，会計情報が不完全であることの証左である。

　営業利益や経常利益などの会計上の分類も，特別な意味はない。投資家は，会計上の分類とは別に，将来のキャッシュフロー情報に変換して企業を評価している。実際の企業活動とは無関係に，投資家に対する報告の形式や会計上の数値によって企業評価が影響を受けるとなれば，資本市場は経営資源を適切に配分する機能を有さないことになる。現実の市場が会計数値に惑わされることがあるとなれば，これを是正するような制度設計が必要になろう。

3）会計情報と株価

　会計情報は過去の活動（経営成績）と過去と現在の帳簿上の財政状態を表示している。その報告内容は，将来キャッシュフローの予想に必要な一部の情報を構成するが，すべてではない。むしろ，将来を予想するには過去を清算し，新たなキャッシュフローを生み出す経営者の能力や経営理念，そして経営戦略などの非財務情報を評価することが重要になる。将来キャッシュフローは，経営者と従業員が使用可能な多様な経営資源を結合し，創造していくものである。過去の経営資源と同じ結合であっても，環境が変化すれば将来キャッシュフローは変化する。

　投資家は，あらゆる開示情報から将来キャッシュフローを予測する。公認会計士の判断とは別に，現在の在庫の売れ行きやその他の資産価値を評価する。過去の実績値が，投資家の考えていたものと異なれば，将来予想に変更が生じるのは当然である。企業会計に反映される情報は，企業の活動記録であり，どのような契約関係に基づき[i]，いかなる活動が行われたのかを集約して表示している。過去の活動が想定していた活動でなければ，将来の予想が変更される

わけである。しかし，その情報は，公表されていない新事実でなければならない。会計情報が新事実を含むとき，投資家と企業の間の情報の非対称性を補完する役割を担うことになる。開示内容が，事前の予想と異なる場合でも，将来キャッシュフローの予想に変化がなければ投資家にとっては無関心な情報である。他方，事前の予想通りの利益が報告されても，環境との相対的な関係のなかで評価の変更を迫られることがある。

　会計研究及び実務家の暗黙的了解は，資本家の認識する利益や資本の大きさと会計上の利益及び資本が同じであり，これを測定することが会計研究に固有の目的である[ii]。会計学者のみならず多くの人々が共通に抱く会計情報は，資本家の利益と持分を測定するものなのである。そのため，当然のこととして，会計利益の報告は株価を形成するという考え方に導くのである。

　こうした考え方に立脚すると，会計基準の作成は，投資家保護に必要不可欠となる。会計情報の過誤や歪みによる企業価値のミスリードを防ぐことが投資家保護につながると考えてきた。その研究目的は疑う余地のない自明のものとされて，会計利益の伝達により株価が形成され，利益の変化は，将来キャッシュフローに無関連な情報であっても株価に影響すると考えていたのである。

　しかし，資本家の認識する利益や資本と会計上の利益及び資本が同じでなければ，測定の理由は失われる。後述する PER やその他の測定も，それが意味をもつのは，会計利益と株価が同一の方向に動くという前提に支えられている。

　この問題は利益情報の意味を問う研究であり，利益情報と企業価値評価に関する実証研究が行われた。その結果は，必ずしも，会計学者の思うところではなかった。利益情報の開示に関する市場の反応は，キャッシュフローに関する必要な情報が開示されていれば，株価は会計利益に十分な反応を示さないことが証明された。市場は利益操作や会計方法の選択によってミスリードされないのである。キャッシュフローに影響しない情報には市場は反応せず，投資家の知らないキャッシュフロー情報が含まれるときに反応することになる[iii]。

　会計情報と株価形成に関する実証研究は，市場の効率性を検証することでもある。会計情報により株価が形成するということは，過去の情報が株価を形成

することを意味し，市場の効率性を否定することになる。効率的市場は，過去から将来を予測することはできない。すなわち，公開された過去および現在の情報が超過利益の源泉にならないという効率的市場仮説（セミストロング・フォーム）を検証することで，会計情報と株価形成の関係が示されるのである。

したがって，会計情報に対する株価の反応程度は，市場の効率性の程度を測定する尺度にもなる。新たな情報により資源を再配分する市場を設計することが望まれるとすれば，過去の会計情報により株価が形成されるような市場は改善されねばならない。資源配分の歪みが生じるだけでなく，特定の投資家に超過利潤をもたらす可能性が残るためである。

こうした実証研究の結果は，会計利益の測定に対する意義を問い直す。キャッシュフローを期間損益計算として配分しなおす理由や会計基準や制度の変更を設ける必要性，あるいは経営者が意図的に会計制度の変更を選択する理由が問われねばならない。

効率的市場仮説とは異なる枠組みで，会計情報から株価を予想しようという大胆な試みはオールソン（Ohlson, J.）・モデル[iv]である。このモデルは，配当還元モデルでは明示されない会計上の変数を使用して株価を説明しようとする。当期末の帳簿上の純資産価額が，前期末純資産簿価に当期純利益を加算し，当期の配当を控除した「クリーン・サープラス（clean surplus）関係」にあることを前提に，株価をその時点の株主資本簿価（純資産）と将来の超過リターンの割引現在価値で説明するものである。

超過利益は，各期の純利益から期首の株主資本簿価に資本コストを乗じた正常利益を控除した残額である[v]。そのため，現在入手できる会計情報では計算できない。そこで，将来の超過利益に影響を与える情報を所与として，会計数値を用いた株価モデルに変換する。それは，純資産簿価と当期純利益，配当およびその他の情報の線形関数として示される。

オールソン・モデルは，帳簿純資産と利益を独立変数として，多くの実証研究が行われた。しかし，その実証結果に，特別な意味はない。オールソン・モデルで株式投資をしても，高いパフォーマンスは得られない。純資産簿価が高

い企業や利益額の大きな企業の株価が相対的に高いことは明らかである。サンプルの数を増やせば増やすほど，その傾向は明白になる。株式を公開している大企業のサンプルは，比較的安定した利益を稼ぎ，したがって純資産簿価と株価の関係も安定している。そのような企業群を対象にして，株価と会計数値の関係を分析する意義があるのであろうか。

問題は，成長している企業の株価水準を評価できるか否かである。会計数値が，過去の関係性から類推できない企業の株価情報を予測できるのであれば意義が高い。企業の契約関係は，将来の企業活動を予想する上で重要であるが，今期の収益や費用のなかで捉えられない契約は，たとえ今期に締結した契約であっても利益情報には反映されない。新しい契約が評価されず，古い契約だけが会計利益の情報となる。線形関係で捉えることのできる株価を予測し，線形関係にない新しい目論見をもつ企業の株価が予測されないのであれば，特別な意味があるとは思われない。むしろ，会計数値を過大評価する危険がある。

(3) 株価収益率

株価評価の指標に株価収益率 (Price Earnings Ratio：PER) がある。株価を 1 株あたり利益で除して，株価が利益の何倍になっているかを示す。株価に対する利益が低い倍率であれば割高であり，倍率が低ければ割安という判断に使われる。実際の測定方法は，現在の株価と 1 株あたり当期純利益で計算される。将来のキャッシュフローを予想して形成される株価を過去の業績と比較するのである。しかも，当期純利益は，期間損益計算の結果であり，キャッシュフローとの直接的対応関係はない。分母と分子の間に合理的関係が存在しないのである。

繰り返し説明するが，過去の利益が多くても，将来のキャッシュフローが期待されなければ株価は低迷する。過去の利益が少なくとも，将来キャッシュフローの成長が期待できれば株価は上昇する。それゆえ，PER は，株価の評価にはならない。現在の株価水準が，過去の利益に対する倍率により説明できる

とすれば,効率的市場仮説を否定することになる。

理論的には,現在の株価は,現在および過去の利益でなく将来の予想利益との関係で評価しなければならない。しかも,利益はキャッシュフローに変換しなければならない。このような理解にもとづいて,PER を吟味してみよう。

$$PER = \frac{P}{\pi} \quad ①$$

ここで P は株価,π は1株あたりの利益(キャッシュフロープロフィット)である。利益の全額を配当にし,毎年一定の1株あたり配当 d を仮定すると,株価は以下のように表すことができる。k_s は,株主資本コストである。

$$P = \frac{d}{(1+k_s)} + \frac{d}{(1+k_s)^2} + \cdots = \frac{d}{k_s}$$
$$= \frac{\pi}{(1+k_s)} + \frac{\pi}{(1+k_s)^2} + \cdots = \frac{\pi}{k_s} \quad ②$$

②式を①式に代入すると,以下のようになる。

$$PER = \frac{\pi / k_s}{\pi} + \frac{1}{k_s} \quad ③$$

この式では,PER が資本コストの逆数となる。そのため,PER の高低は,株価水準の評価とはならない。資本コストが高ければ株価は低く,資本コストが低ければ株価は高くなる。PER が5倍の株式と10倍の株式を比較して,前者が割高であるという評価ではなく,前者が後者に比較してリスクが低いために,高い株価になるという説明になる。

利益の成長が期待される場合には,以下のようになる。g は利益の成長率である[vi]。

$$PER = \frac{\pi / (k_s - g)}{\pi} + \frac{1}{k_s - g} \quad ④$$

成長率が高い企業は,利益に対する株価の倍率が高くなり,成長しない企業の株価は低倍率となる。

市場は,不特定多数の投資家によりリスクと成長性を評価して株価を形成す

る。市場の評価メカニズムは，安直な指標で割高であるか否かを判断できるようなものではない。したがって，PER による投資評価は有用ではない。安定した利益を期待できる成熟企業であれば，資本コストを測定する簡易手段とすることはできる。しかし，成長段階にある企業や事業構造が変化しやすい企業の資本コストを測定するのは危険である。

(4) 株価純資産倍率

株価純資産倍率 (Price Book-value Ratio：PBR) は，PER と同様に株価を評価する指標である。PBR は，株式時価総額を帳簿上の純資産額で除した値である。PBR が1であれば，株主持分は帳簿価額と市場価格が一致する。

実務の世界では，$PBR=1$ を基準にして，これを上回れば割高の株であり，下回れば割安の株という考え方が生まれる。株主が出資した以上に株価が上昇するのは，将来の期待によるところであり，過大評価の可能性がある。過去の PBR や業界と比較しながら，割高か否かを判断する。他方，1を下回れば，解散価値を下回ることになり，過小評価というのである。しかし，こうした実務的な利用方法は危険である。

完全競争市場における競争の終焉した世界では PBR は常に1である。この世界には，過去や未来はなく，過去を記録した帳簿も存在しない。他方，現実の世界は，競争のプロセスにあり，参入と退出，勝者と敗者が存在する。勝者の価値は高まり，敗者の価値は低下する。これは市場の清算機能である。

$PBR>1$ であれば，資産は効率的に使用された結果であり，過去の競争の勝者である。逆に $PBR<1$ であれば，資産は非効率に運営されたことになる。それは過去の敗者を意味する。われわれは，過去を記憶しており，過去の結果は，帳簿にも記録されている。しかしながら，PBR は，未来の競争に関しては，何ら明示していない。

PBR の考え方の背後にあるものは，資産の取替原価と投資家の市場評価との差である。企業の市場価値を資産の取替原価で除した値が1を超える場合に

は，投資が増え，1以下の場合に投資が減退する。1,000万円で購入できる資産の価値が2,000万円の価値を実現できるのであれば，投資すべきである。その逆は投資の抑制を意味する。この思考は，トービンの q（Tobin's q）と同様であり，NPV法の異なる表現方法である[vii]。投資額Iを分母に，その投資の生み出すキャッシュフローの現在価値PVを分子に置くことで，$PV/I > 1$の場合は，$NPV > 0$になる。

資産の取替原価は，現在の市場価格であり，これを将来キャッシュフローの現在価値と比較する。この指標では，1以上で投資を採択するし，1を下回ると却下される。他方，PBRの使われ方は，1を上回る株式を割高とみなし，1を下回る株式を割安とする[viii]。この反対の結論は，いかに考えるべきなのか。問題を整理してみよう。

$$PBR = \frac{P}{E} \quad \text{⑤}$$

ここでEは1株あたりの純資産である。利益πは，ROEにEを乗じたものである。毎年一定のπを仮定すると，株価は以下のように表すことができる。

$$P = \frac{ROE \cdot E}{(1+k_s)} + \frac{ROE \cdot E}{(1+k_s)^2} + \cdots = \frac{ROE \cdot E}{k_s} \quad \text{⑥}$$

⑥式を⑤式に代入すると，以下のようになる。

$$PER = \frac{ROE \cdot E / k_s}{E} + \frac{ROE}{k_s} \quad \text{⑦}$$

$ROE > k_s$であれば，PBRは1を超える。常識的な結論であるが，実は何も判断材料を提供していない。具体的な数字を入れて検証してみよう。現在の株価が10,000円，1株あたり純資産が5,000円であるとしよう。$PBR=2$である。株主は，毎年1,000円のキャッシュフローを期待し，株主資本コスト10％で割り引いている。したがって，純資産5,000円に対するROEは20％であり，$ROE > k_s$である。過去の資産が稼ぐキャッシュフローを現在価値に割り引いているが，将来キャッシュフローの予想と資本コストに変化がなければ，割高とはいえない。過去の資産は取得済みであり，この資産が稼ぐ期待キャッシュ

フローの現在価値と取得資産価額を比較しても意味がない。PBR を資産価値評価の指標とすれば，すでに投下した過去の意思決定に将来の意思決定を束縛するような過ちを犯すことになる。

意思決定には，機会費用の概念が必要である。これから投資に必要が金額と将来回収できるキャッシュフローの比較である。それはトービンの q や NPV 法などの意思決定のための指標であり，PBR ではない。しかし，意思決定の指標は，個々の投資家が主観的に判断する以外にない。各意思決定者が主観的に評価し，市場の客観的な価格形成に委ねるしかない。投資の判断基準となるような尺度は，存在しないと考えるべきである。市場における投資家の役割は，予測指標のない世界における資源配分機能である。

(5) 経済的付加価値

経済的付加価値 (Economic Value Added：EVA) は，Stern Stewart & Co. の登録商標である[ix]。その詳細な内容は，同社の営業秘密であるが，基本フレームワークを踏襲する評価モデルは多い。オールソン・モデルや 50 年代に GE が開発した残余利益 (residual income) も類似概念である。その基本的考え方は企業の稼ぎだした所得と資本家の要求する所得の差額，すなわち超過利潤の算出である。その概念は，以下のようである。

$$EVA = NOPAT - 資本コスト \qquad ⑧$$

ここで，$NOPAT$ は税引後純営業利益であり，(営業利益＋受取利息配当金)×(1−税率) である。それは，企業が稼ぎ出す資本家へのすべての報酬である。資本コストは率ではなく絶対額であり，(有利子負債＋株主資本)×$WACC$ で計算される。$NOPAT$ から資本家が要求した所得，すなわち資本コストの絶対額を控除して，残余の所得があれば，EVA を創出したことになる。その値は株主の富の増分となる。各年度の EVA が計算され，プラスの事業は，経営資源の投入に合理性が与えられる。また，EVA をプラスにした経営者は，投資家の富の創出という視点からも評価され，経営者の報酬増加に正当性を与える。

EVAは資本コストを考慮しており，企業価値を高める意思決定を支援するかのように思われる。しかも，会計上の数値などを使うことで操作性も付与されており，企業経営の道具として多くの企業が取り入れた。しかしながら，この評価手法も，慎重な使い方が求められる。

　まず，毎年計算される $NOPAT$ の意味を考えよう。今年度の $NOPAT$ はいつの時点の意思決定の結果であろうか。キャッシュフローは時間のなかで考えねばならない。単独のキャッシュフローに意味はない。5年前の投資決定の結果が今期のキャッシュフローとなって実現しているかもしれない。投資決定時点で，市場はこれを評価し，企業価値に反映しているであろう。今年度の営業利益が少なくとも，明日以降の営業利益が期待できれば株主の富は創出される。一方，今年度の営業利益が多くとも，明日以降に減少すると予想されれば，価値を創出したとはいえない。価値の創出は，期間損益計算では測定できないのである。

　加えて，各年度の資本コスト額は，帳簿の貸方金額とは無関係であり，各年のキャッシュフローと対応するものではない。投資家が供給する資本は，時価で評価されており，資本コストの絶対額も時価に対して資本コストを乗じなければならない。投資家は今期のキャッシュフローを期待しないかもしれない。成長が期待できれば内部留保を選好することもある。したがって，各年度で EVA を計算し，これを基準として経営資源の配分や経営者の報酬を決定すれば，長期の投資戦略は評価されず，正しい過去の評価も困難となる。

　EVA は，一見すると合理的にみえる評価手法であるが，その過大な評価は経営を誤った方向に導き，危険でさえある。

(6) おわりに

　ファイナンシャル・マネジメントとは何か。それは，将来を予想するものでも，資産を評価するものでもない。意思決定者の説明の手段であり，自らの生み出すキャッシュフローの価値を第三者に説明するものでしかない。

一番重要なことは，どのようにキャッシュフローを稼ぎだすかを明示することなのである。企業財務で培われた道具は，過大評価してはならない。洗練された装いをもつモデルは，使い方を誤れば危険な凶器になる。金融工学を振り回し，数字を独り歩きさせないことが肝要である。中身のない数字は，意味がないだけでなく事業の本質を見失わせる危険な道具である。

経営者は，キャッシュフローを生み出す源泉を徹底的にみつめなければならない。経営資源を結合して実現するキャッシュフローは，多様な環境との相互作用の結果である。そうした複雑な意思決定の最終的な形がひとつの数字に収斂するのであり，乱暴な数字を財務モデルにあてはめれば，経営破綻に導く意思決定となる。いずれにしても，ファイナンシャル・マネジメントで最も重要な仕事は，キャッシュフローの見積もりであり，その重要性を伝えることである。

注

i) 企業とは，仕事（ビジネス）を遂行するために経営資源を結合する契約の束（経営資源の提供者との間に結ばれる明示的・暗黙的契約関係）である。顧客と企業や企業と企業の間に成立する売買契約は製品や原材料，部品，その他サービスの提供に対する対価の支払いが契約内容であるし，企業と従業員の契約では給与と交換に労働サービスの提供が契約内容となる。

ii) 会計情報の開示が果たす役割は，投資の選択（将来キャッシュフローの予測）のみにあるわけではない。企業は契約の束であるから，事前に決定した契約を履行するのは事後的になる。月給やボーナスなども，成果給であれば事後的分配を行うための情報が必要となる。労働者と資本家という古典的な所得分配の観点からも，会計の利益情報は分析対象となる。立場によっては算定される利益の大きさに異なる可能性が生じる。国や地方との関係であれば税金の支払い義務が生じる。しかし，課税所得と利益情報の開示も目的が異なり，そのために米国などでは両者を区別して情報を開示する。

iii) Ball, R. & Brown, P. (1968), Ball, R. (1972), Archbald, T. R. (1972), Beaver, W. H. & Dukes, R. E. (1973), Sunder, S. (1973), Sunder, S. (1975), 石川博行 (2007), 石塚博司編 (2005), 斎藤静樹 (2006) 等を参照されよ。

iv) Ohlson, J. A. (1995)

v) Ohlsonモデルは，残余利益（residual income）モデルの応用ないし発展モデルとみなされる。

vi) 第6章の章末注 ii) を参照すること。

vii) Tobin, J. (1969)

viii) トービンの q は，具体的な計算をする際に PBR と同じ計算をすることがある。投資

額を帳簿上の純資産とし，これで株式時価総額を除する q の計算は，PBR と同じである．
ix) Stewart, G. B. Ⅲ (1991)，邦訳書 (1998) 参考．

第12章　資本理論としてのファイナンシャル・マネジメント

(1) 境界線

　本書は，道具としてのファイナンシャル・マネジメントを理解すると同時に，それがもつ限界を明らかにし，道具の使い方に警鐘を鳴らすことに目的を置いてきた。安易にモデルを理解し，万能な道具のように使用することは非常に危険である。実際，MBAや経営学部でファイナンシャル・マネジメントを学び，これを金科玉条として振りかざすのはまったくの誤りである。

　繰り返し学んだことは，ファイナンシャル・マネジメントの学習が，正しい企業評価や投資決定を保証するものではない，ということである。市場を出し抜く株価や債券価格を予想することもできない。道具の使い方を知ることは必要であるが，作り上げるのは道具を使う人間である。

　しかしながら，ファイナンスの理論を学ぶと，時として，こうした常識が通用しなくなる。金融の専門家やアナリストが登場し，もっともらしいファイナンスのモデルを使用して説明する。「株式は今が買い時である」とか「いまやM&Aに適した最高のタイミングである」，あるいは「積極的な投資が必要であろう」と。本書は，こうした問題に対して注意を喚起してきた。

　証券市場の発達した米国では，資本調達は，比較的古くから企業にとっての重要な問題であった。当初は，経験則的な議論が中心となっていたが，1950年代後半には，モジリアーニとミラーによる著名なMM論文が発表され，科学的な装いをもつ学問に発展する。MM論文を契機とした資本コスト論争は，資本資産の価値評価論でもあるが，当該研究領域の基礎的なフレームワークの構築に貢献しただけでなく，その後の金融工学などの発展にも多大な影響を与えることになった。

しかし，MMの議論は，自然科学における実験室の議論である。重力や空気のない実験室で起こる諸事象を理論化することは，われわれの思考を整理し，問題にすべき事項を明らかにしてくれる。実験室にない問題を徐々に加えることで，現実世界に適応可能な理論にするわけである。その研究手法は，経験則に基づく帰納法的な理論モデルというよりは，演繹的な手法によるモデル構築となっている。

こうした研究は米国から日本に輸入され，財務管理，企業金融，あるいは経営財務や企業財務と邦訳され，70年代後半には多くの大学で必須科目として講義されるようになった。しかし，資本調達の多くを銀行借り入れに依存していた日本の企業社会は，ファイナンシャル・マネジメントを受け入れる十分な態勢を整えていなかった。金融資本市場は規制されており，株式や社債等の価格形成は，市場メカニズムに依拠したものではなかった。不特定多数の投資家が参加する証券市場の自由な取引ではなく，事業法人間の株式相互持合いやメインバンクとの関係のなかで閉鎖的取引が行われていた[i]。社会の仕組みや構造が理論の前提と異なれば，社会科学としての有用性は失われる。その構造は，高度経済成長期から80年代後半まで続くことになる。

ファイナンシャル・マネジメントが実務の世界で本格的に導入され始めるのは，バブル崩壊後の90年代以降になってからである。過去の経済構造の本格的な見直しが進み，市場経済へと舵がとられることになる。規制金利は撤廃され，金融機関の競争は自由化されていた。日本企業の活動はグローバル化しており，その活動範囲に相応してグローバルな市場からの資本調達が活発化した。日本企業はグローバルな市場評価の対象となってきたのである。

それは，企業の行動原理を世界基準に委ねることを意味した。株主重視経営やキャッシュフロー経営など，資本コストを考慮した経営行動が求められることになる。ファイナンシャル・マネジメントの見方や思考方法は，経営者として無視できないものとなったのである。とりわけ，2000年代になると，日本でもMBA（ビジネススクール）が設置されるようになり，そこでは最も重要な基幹科目として位置づけられている。

社会科学の一分野であるファイナンシャル・マネジメントは，経済学や経営学および商学に関連する領域である。会計学を商学や経営学から独立して捉えれば，会計学との関連性は強い。既述のように，ファイナンシャル・マネジメントは，企業の資本調達と運用を研究対象とするため，基本的な理論構築に関しては，経済学の資本理論や金融論との関連が強い。金融資本市場における資本や資産の評価，すなわち資本資産の価格形成理論を扱うことになる。資本資産の評価は，証券市場では，株価や債券価格の評価であり，それらは市場の均衡価格理論として取り扱われることが多い。新古典派的な資本理論のフレームワークで議論されるのが一般的なのである[ii]。近年では，行動経済学の台頭により，行動ファイナンスの領域もひとつの領域を構成している。

　他方，経営学や会計学は，実務上の意思決定を支援する学問であり，きわめて関連が深い。企業の投資決定は，経営者の戦略的意思決定でもあり，労働力を含む多様な経営資源との結合を問題にしている。合理化投資では，労働力と機械の比較が検討される。配当は，従業員の給与とトレードオフの関係がある。企業活動の一定期間における成果や財政状態は，財務諸表により開示される。会計学は，企業の価値を評価し，株主の利益を測定する上で重要な学問領域とみなされている。

　このように，経営学や会計学は，ファイナンシャル・マネジメントと重要な関連を有する隣接領域である。しかし，にもかかわらず，これらの学問領域はファイナンシャル・マネジメントの思考を妨害する可能性も高い。領域が近くなればなるほど境界線が曖昧になり，境界線上の問題が発生する。その理由の多くは，仮説を設定する際に所与とされる諸種の条件が異なるためであるが，それらの諸条件を確認しないまま議論することにより無用の混乱が生じるのである。とりわけ，会計学とファイナンシャル・マネジメントは，同一事象を対象とするようにみえるため，議論を混沌とさせている。両者の境界線は，事前と事後の区別であり，時間の取り扱いが異なるだけかもしれない。

　素晴らしい食材も，レシピを考慮して利用しなければ美味しい料理にはならない。理論を道具にするためには，目的に応じて適切な知識を選択しなければ

ならない。そうでなければ、経営学の常識や会計学の常識が、誤った財務的意思決定に導く可能性がある。

(2) 多様なアプローチ

　企業の資本調達は、創業時には、創業者の個人的貯蓄や家族・親族の貯蓄、友人、知人の貯蓄が対象となる。成長段階の企業では、信用金庫や銀行、さらにはベンチャーキャピタル、エンジェル、そしてマザーズやジャスダックなどの新興市場から資本調達が行われる。成熟段階になると、金融機関からの借入はもちろんのこと、社債の発行や東証2部や1部市場からの調達が可能になる。また、企業は経常的な事業活動のなかで、営業活動を通じたキャッシュフローの回収をしており、減価償却費や利益の内部留保といった形で資本を調達している。企業の資本調達は、成長段階に応じて制度や仕組みが異なり、ステークホルダーの行動も異なっている。

　しかし、いずれも、その原資は家計の貯蓄であり、貯蓄の意味や形成、貯蓄を有する資金余剰の経済主体の行動が研究の対象となる。抽象的には金融資本市場という概念で括られ、企業の資本調達の場を研究することになる。銀行や保険会社など、家計の貯蓄を仲介する金融機関の行動原理、その行動に制約を与える法律や諸規制、資金の供給サイドに回る成熟した事業法人の行動、海外投資家、機関投資家と個人投資家など、多様な資金供給者の行動と、これを制約する制度設計や構造が研究の対象となる。

　また、証券会社や銀行、証券取引所などを含めた金融資本市場の制度設計と資本を需要する企業の仕組みが問題となる。資本調達のための制度としては、株式会社という企業形態やその経営機構が研究対象となる。

　資本運用は、企業の投資決定であり、資本予算である。企業は、より多くの将来キャッシュフローを獲得する目的で、金融資本市場より調達した貨幣資本、すなわちキャッシュフローを経営資源の購入に充てる。具体的には、原材料や部品の購入、商品の仕入代金、機械設備などを含む工場建設や販売目的の店舗、

本社ビルの購入，その他，事業活動に必要なさまざまな備品の購入に支出される。

購入される資産は，いずれも将来のキャッシュフローを獲得することを目的としているため，その価値は将来キャッシュフローの多寡やその質により評価される。評価主体は，経営者を媒介とした資本供給者である。将来キャッシュフローが見込めなければ，資本供給者は提供した貨幣資本の回収ができなくなるためである。

経営者は，資本供給者に対して，資本の運用目的や運用の成果を説明しなければならない。しかし，運用成果は事後的な実現値であり，事前に確実な評価をすることはできない。経営者は，資本供給者から提供された資金を，自らの効用を最大化する使途に充当するかもしれない。情報の非対称性が存在し，エージェンシー問題が生じる。資本供給者自らが資本を運用できない以上（所有と経営の分離），本人と代理人の問題が発生する。いわゆる，エージェンシー・コストに関する研究である。

企業の資本供給者は，同一の利害を有する一個の経済主体であるとは限らない。むしろ，利害の対立する多くの経済主体の複合体である。現代企業の代表的な資本供給者は，企業に出資する株主であり，その他には，企業に融資する銀行や債券購入者などの債権者がいる。これらの資本供給者は，それぞれに利害を異にしており，その調整如何が企業価値に影響を及ぼすとなれば，経営者の重要な管理問題となる。株主と経営者，そして従業員の利害対立，さらには資本供給者間の利害対立が，ファイナンシャル・マネジメントの研究対象となるのであれば，コーポレート・ガバナンス論の側面を有することになる。

これらの問題は，貸借対照表という枠組からみると，借方と貸方の関係になる。借方の資産勘定は，資本の具体的運用先を示し，貸方は資本の調達先を示す。ファイナンシャル・マネジメントは，各資産勘定の項目を評価する理論的なモデルを構築することにかかわっている。

将来キャッシュフローを稼ぐ対象は，貸借対照表に記載される有形資産に限られない。特許の購入や研究開発活動に支出される資金も，資本市場より調達

した資金を用いている。会計学の枠組みでは資産として認識されないものも，将来キャッシュフローを稼ぐ対象は，すべてファイナンシャル・マネジメントの研究対象になる。広告宣伝費は，損益計算書に記載される費用項目であるが，その影響が決算期間中に費消されない限り，将来キャッシュフローに貢献することになる。つまり，資本としての評価対象になる。今期の従業員給与のうち，時期以降のキャッシュフローを獲得することが期待できる部分は，資本評価の対象である。

　資産運用より回収されるキャッシュフローは，資本調達先への支払い条件や契約関係から，その帰属先を明示する。それは，さまざまな調達原泉別価値が契約関係により導出されることを示している。

　運転資本管理と長期資本予算は，企業の経営組織における担当部署が異なる。前者は日常的な意思決定であり，後者は戦略的な意思決定を行う部署が担当する。両者の違いは，キャッシュフローの時間差とリスクの問題として捉えることができる。会計の知識をもつと，1年や四半期ごとの決算の枠組みで思考する。1年以内に費消され，収益を実現すると考えられる取引行為とそれ以外の取引を区別するのである。しかし，毎日，あるいは毎時間ごとに決算をしていると考えてみよう。現在の現金支出は，明日以降のキャッシュフローを稼ぐための支出と過去の活動に対する支出に分けることができる。前者は資本の評価であり，後者は資本利子（利益）の確定を意味する。

　ファイナンシャル・マネジメントの主要な研究対象は前者である。それは，将来キャッシュフローの予測であり，資源配分のための意思決定に関与する。現在と将来の時間差には，リスクが介在する。キャッシュフローの質の問題である。これは，キャッシュフローの予測と密接不可分であり，ファイナンシャル・マネジメントの重要なテーマである。

　他方，後者は，配当や支払利息の問題として考察対象になる。配当は，内部留保とのトレードオフである。その意思決定が企業評価に影響を及ぼす限り，ファイナンシャル・マネジメントの研究対象である。

(3) ファイナンスの視点

　すべての問題に当てはまることだが，観察する対象が同じであっても，視点が異なれば抽出される問題も，その解決策も異なる。神社・仏閣などの風景も，芸術家と自然科学者，あるいは歴史学者では異なる見方と異なる評価をする。美術品としての価値や工芸作家の技術力，建立された年代，物質的な劣化の程度，建設時の社会背景など，それぞれに関心のテーマが異なっている。

　われわれを取り巻く無限の情報は，われわれの関心の持ち方で取捨選択されている。企業経営は，経営者や従業員，顧客，債権者，債務者，取引先企業，地域社会，政府，そして出資者（株主）など多様なステークホルダーに関与する。経営者は，自らも企業経営に関わるステークホルダーのひとつであるが，他のステークホルダーを相互に調整する役割を担う。それぞれに目的や関心が異なるため，利害調整は困難な仕事である。各ステークホルダーの目的を無秩序に満たすことはできないが，経営者に課せられる仕事は，常に株主の富を最大化するように調整しなければならない。

　株主の視点は，キャッシュフローに収斂する。しかも，過去のキャッシュフローではなく，将来のキャッシュフローである。製品が素晴らしくとも，将来キャッシュフローに結びつかねば評価しない。逆に，製品やサービスが劣るものであろうと，将来キャッシュフローにつながると判断されれば評価される。従業員が不満であろうと，将来キャッシュフローの増加期待が高ければ評価される。従業員を解雇することで将来キャッシュフローが増加するのであれば，株主は評価する。もちろん，この評価は単純ではない。将来にわたるキャッシュフロー予測は，将来にわたるステークホルダーとの関係であり，単年度ではないからである。

　今年度の顧客満足度が高くとも，将来の顧客満足度が低下するとなれば株主は評価しない。取引先企業の関係も，今期の取引が満足のゆくものであっても，将来にわたる取引が望ましいものでなければ評価しない。株主の視点は，将来の経営資源を確保するに足る企業か否かを評価しようとしている。こうした時

間軸を見失うと，株主重視経営やキャッシュフロー経営は，近視眼的な経営思想と捉えられる。

　企業外部のステークホルダーに関する視点は，企業内部の部署に関しても当てはまる。購買部に携わる人は，材料や部品の質と価格に関心を抱き，在庫問題に関心を抱かないかもしれない。開発に携わる技術者は，製品のコストや顧客満足度より，技術的側面に関心をもち，営業は価格や品質，競合企業との比較，顧客の嗜好などを考慮して，売れるか否かに関心をもつ。広告費の増加や製造能力，あるいは製造コストにかかわらず，売れる商品を期待し，利益より売上に関心がある。人事部は，求人や昇進・昇格，各部署への人員計画などに関心がある。余剰人員を抱える部署から人手不足の部署への異動や適材適所の人員配置，人材開発のための研修制度などを企画する。

　これらすべての職能は，資本の効率性の視点から分析することができる。ファイナンシャル・マネジメントの視点である。購買部の従業員も，不必要な在庫が無駄な資本運用であり，不必要な資本調達を要求することに気づかねばならない。技術者は，売上につながる技術の重要性を意識する。売上につながらなければ，技術開発に支出されたコストを回収できない。営業に関わるスタッフも，何が利益につながる活動かを意識しなければならない。製造能力に余力のある製品販売を重視し，製造余力のない製品の販売を自粛する。各部署や各担当者がファイナンスの視点を有することで，株主の企業評価は高まる。

　あらゆる職能は人が関与する。それゆえ，購買・生産・販売あるいは開発といった職能のすべてに人事視点の管理が必要である。同じように，職能のすべてにファイナンスの視点からの管理が必要となる。

　われわれの社会は，貨幣経済である。ほとんどの交換取引は，貨幣を媒介にした売買取引である。それは経営資源も同様である。経営資源が希少な資源である以上，貨幣の効率的な使用が求められる。株主重視経営やキャッシュフロー経営というのは，貨幣を効率的に使用するように経営資源を管理することであり，そうした意思決定の基本的枠組みを提供するものである。

(4) 資源配分と競争

　ファイナンシャル・マネジメントは，常に投資家の視点ないし資本評価の視点をもつ。投資家は現在のキャッシュフローではなく，将来のキャッシュフローを予測し，その多寡と質を評価して投資する。投資家からの資金が調達できなければ，経営資源を購入できず，事業を開始することができない。事業の継続には，投下したキャッシュフローの回収と，経営資源の持続的再投資が条件である。投資家は，回収見込みのないキャッシュフローを再投資することを認めない。その視点は，いずれも将来に対する予想であり，資源の向かうべき方向を評価している。要するに，資源配分の視点である。

　資源配分にはリスクが伴う。いかなる製品やサービスが必要とされ，利益を上げるかは事前に正確な予想ができない。そのため，投資家はリスクを負担する。そのリスクの最大の負担者は出資者であり，株式会社の株主である。それゆえ，ファイナンシャル・マネジメントでは，株主の視点が重要視される。

　それでは，顧客の視点は企業評価に関係しないのであろうか。顧客は，一般的に将来の製品やサービスを予想しない。その視点は現在の製品・サービスにある。現在の市場取引は，将来の資源配分のシグナルとなる。人気の財・サービスが売れ，不人気の財・サービスは在庫の増加や仕事の減少となる。今期の売上が増えれば，企業の所得は増加し，売上不振の企業の所得は減少する。しかし，今期の売上が増加しても，将来の売上期待が減少すれば，企業は再投資先を失う。今期売上が少なくとも，将来の売上期待が高まれば，再投資額は増加する。

　顧客は，購入希望時点で，財・サービスを選択し，将来の財・サービスを予想するのは投資家である。顧客は，将来購入する財・サービスを決めておらず，投資家が顧客の将来購入する財・サービスを予想することになる。投資家は将来の顧客のために，繋ぎ資金を準備し，これが企業評価となるのである。

　同じように，従業員の視点でも企業評価はできない。従業員が満足しなければ企業の業績は低迷するであろう。優秀な従業員がいなければ企業は競争に勝

ち残れない。仕事を遂行するのは最終的には人であり，従業員である。それゆえ，従業員の評価が企業評価につながるという論理がまかり通る。

　従業員は，自らの効用と自らの生活設計に関与して企業を評価する。したがって，その視点は，必ずしも現在に限定されない。むしろ，退職するまでの長期にわたる企業評価に関心がある。しかし，その評価に資源配分の視点はない。常に，自らの仕事が評価され，所属する組織に所得が還元されることを期待する。仕事には技術や技能が欠かせない。時間をかけ経験することで修得した仕事のやり方は，経営環境が変化しても簡単に変更することができない。他方，投資家は将来の顧客と将来の顧客に適う財・サービスを生産する従業員に関心がある。従業員による企業評価は資源配分にならず，資源の無駄を生み出すが，投資家視点の企業評価は，時には残酷にも従業員をリストラして，新たな経営資源と置き換える。

　ファイナンシャル・マネジメントは，金融資本市場における資源配分問題に関心がある。われわれの経済は，網の目のような細分化された分業体系のなかで仕事をしている。企業が存続しているのは，将来の生活に必要性があると思われる仕事を担うからである。過去に必要であったが，将来は不必要な仕事を，市場は容認せず，退出を迫る。仕事として，その価値が評価されるのは，交換経済を持続できること，すなわち，収入が支出を上回る利潤を期待できるからである。

　市場が競争的であれば，企業はできるだけ多くの収入を期待して，差別化や価格競争を繰り広げる。しかし，簡単に収入を増やす選択肢はない。誰もが魅力的な財・サービスを提供しようと考えるが，競合他社もそれぞれに魅力を追求している。魅力は相対的なものであり，特別な魅力を長期間持続できなければ価格を引き下げるしかない。それゆえ，常に価格競争を意識し，費用の削減努力が行われる。こうした市場の競争プロセスは，利潤を限りなくゼロに導こうとする。利潤ゼロとなる市場の均衡状態は，競争の終焉した世界であり，実際の市場では成立しない。現実の世界では，利潤と損失が並存しており，常に参入と退出が繰り広げられている。

市場競争に勝ち残るのは容易ではない。そのため，企業はそれぞれの得意分野を見出し，勝負をする土俵を決めるのである。コアコンピタンスを認識し，選択と集中により事業ドメインを決定することになる。これらを評価した上で，利潤を期待できる場合に事業は投資対象となり，経営資源を集めることになる。利潤を期待するのは，顧客や従業員による予想ではなく，投資家の予想である。

投資家の評価は，組織内の資源配分にまで及ぶ。資本が効率性を追求しているか否かを評価するには，組織内の資源配分を分析しなければならない。従業員の仕事の仕方や組織内分業のあり方などが評価され，企業の目的が効率的に達成されるか否かを見極めようとする。

個々の企業における投資の成功が社会の成功につながる。古い産業から新しい産業へ，古い企業から新しい企業へ，古い事業から新しい事業へ資源を配分する。そのための判断材料を提供するのがファイナンシャル・マネジメントという道具である。したがって，ファイナンシャル・マネジメントは社会科学の一員とみなされるのである。

(5) 説明手段

本書を通じて説明してきたように，ファイナンシャル・マネジメントは，株価や債券価値を予想する手段ではない。それは合理的な思考方法の提供であり，合理的な説明手段である。投資計画を策定し，その是非を問うための基準を提供するのである。ファイナンシャル・マネジメントという道具を持たなければ，投資計画の是非を問う対象がわからない。どのような根拠に基づいて，誰に判断を仰ぐべきかが理解できない。意思決定のための材料が存在しないということになる。

企業の最終的な判断は，トップマネジメントになるが，企業評価は経営者が行うものではない。その最終的な判断は，投資家であり，株主である。しかしながら，株主に是非を問う投資モデルで計画を策定し，これを実施しても，結果が期待通りになるとは限らない。説明手段が整うということと，内容の良し

悪しは別問題である。計画段階と実施段階，あるいは事前と事後が，予定通りに進行する社会は，確実性が支配する社会である。説明は，常に前提条件を付している。前提条件なしの説明はありえない。環境が変化すれば，説明した内容は修正しなければならなくなる。株価を予想する投資家は，常に前提条件のなかで将来キャッシュフローを予想しているのである。したがって，予想が外れることを前提としていることになる。このことを理解しない投資家は，ファイナンシャル・マネジメントのモデルを過信することになる。

　企業環境を変化させる情報は時々刻々と市場に流入する。投資家や経営者は，企業に関係する情報を取り上げ，新たな意思決定を行うことになる。投資家は企業評価にプラスの材料か否かを判断し，経営者は自社の経営にプラスか否かを判断する。ファイナンシャル・マネジメントは，情報を取捨選択する際にひとつの視点を与える。それは，株主の視点であり，株主に還元されるべき将来キャッシュフローの情報である。

　ただし，将来キャッシュフロー情報にしても，その選択肢は無限に存在する。投資家および経営者は，意思決定の基準とする将来キャッシュフローを正確に予測することはできない。市場の不特定多数の投資家に委ねるという場合には，いかなる投資家が判断しているのかを分析する必要もある。市場が円滑に機能する制度か否かも知らねばならない。そうした分析なしには，誤った判断をすることになるからである。

　しかし，いずれにしても，ファイナンシャル・マネジメントは，意思決定者の実行目的を正当化する手段として役立つ。この道具を経営者が使う場合，それは投資家と組織の内部者への説明手段ということになる。その説明は最終的に，社会貢献につながる説明であることを意識するべきである。そうでなければ，企業の存続する意義はなく，株主の富を最大化する正当性は失われるからである。

(6) 本書の主張

　本書は，徹底的に市場至上主義であり，株主重視経営の視点で貫かれた。しかしながら，市場を万能視するものではない。市場は明らかに多くの失敗要因を抱えており，市場に委ねることであらゆる問題が解決されると考えるのは愚かなことである。実際，市場の失敗を補完し，意思決定するのが組織であり，企業の経営者の役割でもある。市場が完全であるとすれば，経営者の役割は重要ではなくなる。

　経営者が株主の富を最大化する努力を惜しまず，その努力によって，顧客に有用な財やサービスが提供できるとすれば，資源は効率的に配分されることになるであろう。しかし，現実には，株主重視経営で資源問題に支障をきたすことがある。それは，徹底的な株主重視経営が貫徹できないためである。情報が非対称的であり，経営者が株主の利益を損なう行動を選択することが可能であれば，資源配分は歪んだものとなろう。そうした問題を解決するための手段を検討するのも，研究課題のひとつである。市場の制度設計に問題があるとすれば，その原因や改善策を提示し，企業の制度設計に問題があれば，会社法の改正などに資する理論的な貢献をしなければならない。

　市場や企業の諸制度は，さまざまな条件の変更で変化しなければならない。情報技術の発達は，新たな金融商品の生産と売買システムの仕組みを変化させる。他方，株主や債権者との情報交換のあり方が変化すれば，経営機構の意思決定システムや監査のシステムに影響を及ぼす。こうした市場や企業の制度は，環境変化によって変容を迫られているが，人間がつくる諸制度は，諸種の環境変化に感応的ではない。そのため，絶えず矛盾を抱え，その円滑な機能を果たせないでいる。

　ファイナンシャル・マネジメントは，資源の配分を効率化するための意思決定に資する道具ではあるが，使うべき時と場所をわきまえなければ，かえって偏った資源配分をすることになる。そうした過ちを犯さないためには，道具としての学問の限界を理解し，良識を持って使わねばならない。有用な道具も，

使い方を誤れば無用な長物にとどまらず，凶器にもなる。

注
 i)　亀川雅人 (1996b)
 ii)　Fisher, I.(1930) の利子論や Hicks, J. の資本に関する一連の研究，Lutzs, F. & V.(1951) の投資決定論，Dean, J. (1951) の資本予算，Solomon, E. (1963) の財務管理論，そして Sharpe, W. F. (1970) のポートフォリオ理論など，いずれも新古典派的なフレームワークをもつ資本利子論であり，ファイナンシャル・マネジメントの基礎的な理論とみなすことができる。

参考文献

Archbald, T. R. (1972) "Stock Market Reaction to Depreciation Switch-Back," *Accounting Review*, Vol.47, No.1.

Ball, R. & P. Brown (1968) "An Empirical Evaluation of Accounting Income Numbers," *Journal of Accounting Research*, Vol.6, No.2.

Ball, R. (1972) "Changes in Accounting Techniques and Stock Prices," *Empirical Research in Accounting: Selected Studies, Journal of Accounting Research*, Supplement to Vol.10.

Beaver, W. H. & R. E. Dukes (1973) "Interperiod Tax Allocation and Delta Depreciation Methods; Some Empirical Results," *Accounting Review*, Vol.48, No.3.

Black, F. and M. Scholes (1973) "The pricing of options and corporate liabilities," *Journal of Political Economy*, 81.

Brealey, R. A., Myers, S. C. and F. Allen (2006) *Corporate Finance*, 8th Edition, McGraw-Hill-Irwin.

Campbell, J. Y., Lo, A. W. and A. C. MacKinlay (1997) The Econometrics of Financial Markets, Princeton Press(祝迫得夫・大橋和彦・中村信弘・本多俊毅・和田賢治訳(2003)『ファイナンスのための計量分析』朝倉書店).

Dean, J. (1951) *Capital Budgeting, Top-management Policy on Plant, Equipment, and Product Development*, Columbia Univ. Press(中村常次郎監修(1959)『経営者のための投資政策』東洋経済新報社).

Ehrhardt, M. C. (1994) *The Search for Value; Measuring the Company's Cost of Capital*, President and Fellows of Harvard College(真壁昭夫・鈴木毅彦訳 (2001)『資本コストの理論と実務』東洋経済新報社).

Fisher, I. (1930) *The Theory of Interest*, Macmillan(気賀勘重・気賀健三訳(1984)『利子論』日本経済評論社).

Fama, E. F. (1965) The behavior of stock market prices, *Journal of Business*.

Fama, E. F. (1970) Effcient capital markets: A review of theory and empirical work, *Journal of Finance*.

Hebert, R. F. & Albert N. Link (1982) *The Entrepreneur Main Stream View and Radical Critique*, Praeger Publishers(池本正純・宮本光晴訳 (1984)『企業者論の系譜 18世紀から現代まで』ホルト・サンダース).

Hicks, J. (1939) *Value and Capital, an inquiry into some fundamental principles of economic theory*, Oxford At the Clarendon Press(安井琢磨・熊谷尚夫訳(1970)『価値と資本』(Ⅰ)(Ⅱ)岩波書店).

Hicks, J. (1965) *Capital and Growth*, Oxford At the Clarendon Press(安井琢磨・福

岡正夫訳(1970)『資本と成長』(Ⅰ)(Ⅱ)岩波書店).

Hicks, J. (1973) *Capital and Time: A Neo-Austrian Theory,* Oxford Univ.(根岸隆訳(1974)『資本と時間—新オーストリア理論』東洋経済新報社).

Jensen, M. C. and W. H. Meckling (1976) "Theory of Firm; managerial Behavior, Agency Costs and Ownership Structure," *Journal of Financial Economics,* Vol.3, No.4 October.

Jensen, M. (1986) "Agency Costs of Free Cash Flow, Corporate Finance, and Takeovers," *American Economic Review* 76.

Keynes, J. M. (1936) *The General Theory of Employment, Interest and Money,* Macmillan(塩野谷九十九訳(1941)『雇用・利子および貨幣の一般理論』東洋経済新報社).

Kirzner, I. M. (1979) *Perception,Opportunity, and Profit:Studies in the Theory of Entrepreneurship,* The University of Chicago Press.

Knight, F. H. (1921) *Risk,Uncertainty and Profit,* Boston:Houghton Mifflin Co..

Lintner, J. (1956) "Distribution of Incomes of Corporations among Dividends, Retailed Earnings, and Taxes," *American Economic Review* 46(May).

——————— (1965a) "The Valuation of Risk Assets and The Selection of Risky Investments in Stock Portfolios and Capital Budgets," *Review of Economics and Statistics* (February).

——————— (1965b) "Security Prices, Risk, and Maximal Gains from Diversification," *Journal of Finance* (December).

Lutzs, F. & V. (1951) *The Theory of Investment of the Firm,* Macmillan(後藤幸男訳(1969)『投資決定の理論』日本経営出版会).

Markowitz, H. (1952) "Portfolio Selection," *Journal of Finance* (March).

——————— (1959) *Portfolio Selection—Efficient Diversification of Investment,* John Wiley & Sons, Inc., New York(鈴木雪夫監訳 (1969)『ポートフォリオ選択論—効率的な分散投資法—』東洋経済社).

Marshal, A. (1925) *Principles of Economics An introductory volume, 8th,* Macmillan and Co., Limited St Masrtins Street, London(馬場啓之助訳(1980)『マーシャル経済学原理Ⅲ』東洋経済社).

Miller, M. H. and F. Modigliani (1961) "Dividend Policy, Growth and the Valuation of Shares," *Journal of Business* 34 (October).

Modigliani, F. and M. H. Miller (1958) "The cost of capital, corporation finance and the theory of investment," *American Economic Review,* 48.

Modigliani, F. and M. H. Miller (1963) "Corporate income taxes and the cost of capital: A correction," *American Economic Review* 53.

Mossin, J. (1966) "Equilibrium in a Capital Asset Market," *Econometrica* (October).

Myers, S. C. and N. S. Majluf (1984) "Corporate Financing and Investment Decisions when Firms have Information that Investors do not have," *Journal of Financial Economics*.

Myers, S. C. (1977) "Determinants of Corporate Borrowing," *Journal of Financial Economics* Vol.5.

Myers, S. C. and N. S. Majluf (1984) "Corporate Financing and Investment Decisions When Firms Have Information That Investors Do Not Have," *Journal of Financial Economics*, vol.13.

Myers, S. C. (1984) "The Capital Structure Puzzle," *Journal of Finance*, 39.

Ohlson, J. A. (1995) "Earnings, Book Values, and Dividends in Equity Valuation," *Contemporary Accounting Research*, Vol. 11, No. 2.

Parker, D. & R. Stead (1991) *Profit and Enterprise*, Harvester Wheatsheaf.

Schumpeter, J. A. (1926) *Theorie der wirtschaftlichen Entwicklung*, 2. Aufl.(中山伊知郎・東畑精一訳(1983)『経済発展の理論』(上)(下)岩波書店).

Sharpe, W. F. (1964) "Capital Asset Price: A Theory of Market Equilibrium under Conditions of Risk," *Journal of Finance* (September).

Sharpe, W. F. (1970) *Portfolio Theory and Capital Markets*, McGraw-Hill.

Solomon, E. (1963) *The Theory of Financial Management*, Columbia Univ. Press(古川栄一監修，別府祐弘訳(1971)『財務管理論』同文舘).

Stewart, G. B. Ⅲ. (1991) *The Quest for Value-The EVATM Management Guide-*, HarperCollins Publishers, Inc.(日興リサーチセンター・河田剛・長掛良介・須藤亜里訳(1998)『EVA創造の経営』東洋経済新報社.

Sunder, S. (1973) "Relationships between Accounting Changes and Stock Prices; Problems of Measurement and Some Empirical Evidence," *Empirical Research in Accounting; Selected Studies, Journal of Accounting Research*, Supplement to Vol.11.

Sunder, S. (1975) "Stock Price and Risk Related to Accounting Changes in Inventory Valuation," *Accounting Review*, Vol.50, No.2.

Tobin, J. (1969) "A General Equilibrium Approach to Monetary Theory." *Journal of Money Credit and Banking,1*.

Weston, J. F. and Brigham, E. F. (1975) *Managerial Finance*, 5th Edition, Dryden Press.

Zwiebel, J. (1996) "Dynamic Capital Structure under Managerial Entrenchment," *American Economic Review*,Vol.86, December.

池尾和人・広田真一(1992)「企業の資本構成とメインバンク」堀内昭義・吉野直之編『現代日本の金融分析』東京大学出版会

石川博行(2007)『配当政策の実証分析』中央経済社

石塚博司編(2005)『会計情報の現在的役割』白桃書房

伊藤邦雄編著(2006)『無形資産の会計』中央経済社

亀川雅人(1993)『企業資本と利潤―企業理論の財務的接近(第 2 版)』中央経済社
亀川雅人(1996a)『新版企業財務の物語』中央経済社
亀川雅人(1996b)『日本型企業金融システム』学文社
亀川雅人(2002)『入門経営財務』新世社
亀川雅人編著(2004)『ビジネスクリエーターと企業価値』創成社
亀川雅人(2006)『資本と知識と経営者―虚構から現実へ―』創成社
亀川雅人(2007)『企業価値創造の経営』学文社
刈屋武昭監修,山本大輔(2001)『入門リアル・オプション』東洋経済新報社
岸本光永(2002)『ゼロからわかるビジネス数学』日本経済新聞社
小山明宏(2005)『新訂版　経営財務論』創成社
日本証券経済研究所編（1997)『現代企業と配当政策』日本証券経済研究所
斎藤静樹(2006)『企業会計とディスクロージャー（第 3 版)』東京大学出版会
榊原茂樹・砂川伸幸編(2009)『価値向上のための投資意思決定』中央経済社
竹田聡(2009)『証券投資の理論と実際』学文社
津村英文(1981)『配当―その光と影―』税務経理協会
中井透(2005)『入門アントレプレナー・ファイナンス』中央経済社
花枝英樹(2002)『戦略的企業財務論』東洋経済新報社
花崎正春(2008)『企業金融とコーポレート・ガバナンス』東京大学出版会
水野博志(1990)「日本企業の資本構成に関する比較静学分析」市村昭三編『資本構成と資本市場』九州大学出版会
宮川公男・野々山隆幸・小山明宏(1997)『財務情報分析の基礎』実教出版
森脇彬編(1992)『日本企業の配当政策』中央経済社
若杉敬明(1987)「最適資本構成―理論と実証―」『經濟學論集』第 53 巻第 1 号

索　引

あ　行

IR　90
IR 戦略　55
アノマリー　54
アンシステマティック・リスク　70
安定配当性向政策　168
安定配当政策　168
一般均衡理論　135
意図せざる在庫　8
イベントスタディ　110
インカムゲイン　175
インサイダー取引　56
ウィーク・フォーム　50
売上債権　86
運転資本　9, 84
営業キャッシュフロー　132
営利企業　75
エクイティ・ファイナンス　84
エージェンシー・コスト　88
エージェント　88
M&A　1, 127
MM 命題　156
エンジェル　198
エントレンチメント・アプローチ　92
オプション　1, 129
オールソン・モデル　186

か　行

買入債権　86
会計基準　185
会計的利益率法　120
会社法　52
回収期間　32
回収期間法　119

外部金融　83
学習効果　139
拡張投資　118
格付け機関　76
確立分布　62
掛取引　86
加重平均資本コスト（WACC）　151
株価収益率（PER）　187
株価純資産倍率（PBR）　189
株式　1
株式公開（上場）　106
株式制度　79
株式相互持合い　87, 196
株式投資収益率　49
株主資本コスト　44
株主資本利益率（ROE）　152
株主重視経営　94, 196
株主総会　79
株主の富最大化　2
株主配当　169
貨幣経済　23
貨幣資本　23
可変的支出　139
借入れ　83
監査　88
監査制度　76
元本　38
機会費用　27
企業家　18
企業価値　2
企業間信用　86
企業間取引　86
偽計取引　56
議決権　79
期待値　59

期待投資利益率　62
期待値上り率　45
期待利益　62
規模の経済性　118
逆選択　55
逆相関　67
キャッシュフロー　1
　　――・プロフィット　76
　　――経営　196
CAPM　59
キャピタルゲイン　45
教育投資　15
虚偽情報　53
均衡　19
均衡価格　18
金融・資本（証券）市場　1
金融商品取引法　52
金融派生商品　33
グッド・ニュース　51
クリーン・サープラス関係　186
黒字倒産　117
経営参加権　79
経済主体　3
経済的付加価値（EVA）　191
減価償却費　85
現金所得　175
現在価値　16
現在価値計算　35
現在消費　13
建設仮勘定　9
減配　176
元利合計　38
コアコンピタンス　65
ゴーイングコンサーン　44
更新投資　118
効率的市場　50
顧客重視経営　94
固定資産　11

固定資本　10
固定的コスト　136
固定的支出　83, 139
固定費　83
コーポレート・ガバナンス　94

さ　行

債権　1
債権者　83
最適資本構成　149
最適配当政策　168
財務キャッシュフロー　132
債務者　83
財務諸表　5
参入障壁　21
残余財産分配請求権　79
残余所得　83
残余配当政策　168
残余利益　191
時間選好　47
シグナリング　177
自己株取得　85
自己資本　80
　　――コスト　149
資産　5
　　――構成　159
自社株買い　169
市場至上主義　207
市場の効率性　50
市場の失敗　33
市場ポートフォリオ　59
システマティック・リスク　70
支配権　80
資本回収　12
資本還元　16, 39
資本形成　3
資本構成　1
資本コスト　1, 28

資本財　7, 9
資本支出　114
資本蓄積　6
資本予算　114
社員　77
社外取締役　88
社債　84
ジャスダック　198
社団法人　76
手中の鳥仮説　175
純資産　76
純粋リスク　60
純貯蓄　7, 81
準レント　20
証券　32
証券価値　32
証券市場　32
上場基準　76, 147
上場廃止基準　147
消費財　6
商品資本　32
情報の真偽　52
情報の非対称性　54
正味運転資本　150
将来消費　13
所有と経営の分離　31
所有と支配の分離　80
新株発行増資　85
新株予約権付社債　84
新結合　20
ストック　11
ストロング・フォーム　50
正規分布　64
生産資本　32
生産手段　3
生産要素　3
正常利潤　18
生存基金　9

節税価値　162
セミストロング・フォーム　50
戦術的レベル　119
選択と集中　65
戦略的投資　119
相関係数　67
創業者利得　105
相互排他的投資　119
総資産　76
総資産利益率（ROA）　152
総資本　76
創造的破壊　90
総貯蓄　7
増配　176
損益計算書　11
損益分岐点分析　83

た　行

貸借対照表　5
耐忍　6, 12-14, 18
正しい価格　51
正しい価値　51
他人資本　80
　　──コスト　149
単一指標モデル　73
短期金融　86
地代　6
知的財産　15
超過利潤　18
長期化　12
直接金融　83
貯蓄主体　7
賃金　6
デイトレーダー　51
手形取引　86
デッド・ファイナンス　83
点産出　40
点投入　40

投機的リスク　60
倒産　117
　──状態　164
投資家保護　185
投資キャッシュフロー　132
投資決定　1
投資主体　7
独立的投資　119
トービンのq　190
取替投資　85, 118
取締役　55, 79
取引コスト　31

な 行

内部金融　85
内部留保　77, 85
値上り益　108

は 行

配当　1
配当還元モデル　44
配当流列　43
発行市場　79
バッド・ニュース　51
ビジネス・リスク　152
必要最低利益率　28
標準偏差　59
ファンダメンタル・バリュー　51
ファンダメンタルズ　50
不確実性　19
複利計算　38
負債コスト　45
フリー・キャッシュフロー　133
不良債権　163-164
フリーライダー　52
プリンシパル　88
フロー　11
分散　59

分散投資　32, 59
ベータ　59
ペッキングオーダー理論　165
ベンチャーキャピタル　198
変動的支出　83
変動費　83
法人格　77
補完的投資　119
ポートフォリオ理論　59
ボンディング・コスト　88

ま 行

埋没費用　27
マーケット・リスク　70
マザーズ　198
未上場　54
無形資産　15
無限責任社員　77
無限連帯責任　77
無リスク利子率　59
メインバンク　196
目標配当額　177
目標配当性向　177
持分　78
モニタリング・コスト　88

や 行

役員派遣　87
有価証券報告書　54
有形資産　15
有形資本　15
有限責任社員　78
融資　84
有利子負債　22
ユニーク・リスク　70

ら 行

リアル・オプション　129

利益配当請求権　79
離散型モデル　41
利潤最大化　2
利子　1, 6
利子率　13
リスク　1, 12
　──・マネジメント　60
　──プレミアム　28
利息　38
利回り　49
流通市場　79

流動資産　11
流動性　32
流動性選好説　49
流動負債　86
レバレッジ（テコ）効果　140
連続産出　41
連続投入　41

わ　行

割引率　44

著者紹介

亀川　雅人（かめかわ　まさと）
1954年生まれ
立教大学　経営学部教授　博士（経営学）
立教大学大学院　ビジネスデザイン研究科教授
ビジネスクリエーター創出センター長

ファイナンシャル・マネジメント —企業価値評価の意味と限界—

2009年5月30日　第一版第一刷発行

著　者　亀川雅人
発行所　㈱学文社
発行者　田中千津子

東京都目黒区下目黒3-6-1
〒153-0064　電話(03)3715-1501(代表)　振替　00130-9-98842
http://www.gakubunsha.com

乱丁・落丁は，本社にてお取替え致します．
定価は，カバー，売上カードに表示してあります．

印刷所　新灯印刷
〈検印省略〉

ISBN 978-4-7620-1972-2
© 2009 KAMEKAWA Masato Printed in Japan